W0045875

ro
ro
ro

Fast jeder hat sich schon einmal am Beamtendeutsch in Briefen von Behörden und Gerichten die Zähne ausgebissen. Warum nur werden Bescheide, Beschlüsse und Bekanntmachungen erlassen, die keiner versteht?

Hinrich Lührssen erklärt abstruse Begriffe wie «Einantwortung», «Einfriedung», «Bestallung» und «Beelterung» und widmet sich auch unsinnigen Verordnungen – selbstverständlich ordentlich der Reihe nach. Und wie immer im Leben sollte man das Beste daraus machen: lesen, staunen und über den Verwaltungswahnsinn schmunzeln ...

Hinrich Lührssen produziert Reportagen und Berichte u. a. für «sternTV».

HINRICH LÜHRSSEN

RAUMÜBER-GREIFENDES GROSSGRÜN

Der kleine Übersetzungshelfer
für Beamtendeutsch

Rowohlt Taschenbuch Verlag

Originalausgabe
Veröffentlicht im Rowohlt Taschenbuch Verlag,
Reinbek bei Hamburg, Januar 2010
Copyright © 2010 by Rowohlt Verlag GmbH,
Reinbek bei Hamburg
Redaktion Barbara Imgrund
Umschlaggestaltung ZERO Werbeagentur, München
(Foto: Gary Braasch/Corbis)
Satz Kepler PostScript, InDesign,
bei Pinkuin Satz und Datentechnik, Berlin
Druck und Bindung Druckerei C. H. Beck, Nördlingen
Printed in Germany
ISBN 978 3 499 62555 8

*Gewidmet allen Beamten, ohne deren
vielfältige Mitwirkung dieses Buch nie und
nimmer zustande gekommen wäre*

INHALT

Wortperlen mit amtlicher Genehmigung

Die persönlichen Angaben zum Rechtsgeschäft sind freiwillig. Ohne die persönlichen Daten kann der Antrag jedoch nicht bearbeitet werden.
Antragsformular des Bauordnungsamtes Bad Oldesloe

Die Einmalzahlung wird jeder berechtigten Person nur einmal gewährt.
Hessisches Beamtengesetz

Der Geschlechtsunterschied zwischen den Eltern ist Voraussetzung für die Zeugung des Nachwuchses.
Bundeszentrale für politische Bildung

Ein Ehemann hat in der Regel seinen Wohnsitz dort, wo sich seine Familie befindet.
Bundesfinanzhof

Welches Kind erstes, zweites, drittes Kind usw. ist, richtet sich nach dem Alter des Kindes.
Bundesanstalt für Arbeit

Sehr geehrte Frau W.,
wir teilen Ihnen mit, dass die Grabstätte neben Ihrem verstorbenen Ehemann anderweitig besetzt wird. Wir bitten Sie höflichst, Ihren Gatten hiervon in Kenntnis zu setzen.
Schreiben einer Friedhofsverwaltung aus Holmen

Beamtendeutsch für Anfänger: Persönliches Eignungsfeststellungsverfahren

Vor der Lektüre dieses Buches oder gegebenenfalls auch nur bei der gelegentlichen Betrachtung des Werkes und/oder kurzzeitiger Inanspruchnahme des geistigen Inhaltes ist der/die Leser/in gehalten, beim Verlag entweder einen selbst formulierten und eigenhändig unterschriebenen Antrag in vierfacher Ausfertigung einzureichen oder sich dem nachfolgenden Einstiegstest zu unterziehen. Die Prüfungsaufgaben sind ohne Fremdhilfe zu lösen, über das Ergebnis sollte eine amtsähnliche Verschwiegenheit gewahrt werden.

1. Was ist eine Beharrungsadresse?

a Die korrekte Geschäftsanschrift eines Friseurs.

b Ort für den dauerhaften Aufenthalt.

c Versandhandel für Brusthaartoupets.

2. Was verbinden Sie mit dem Wort Bestallung?

a Die Weihnachtsgeschichte.

b Einen Tipp unter Pferdefreunden.

c Einen Ausweis für die Betreuer von schwererziehbaren Jugendlichen.

3. Gibt es wirklich eine Dienstanweisung für die Benutzung von Drehtüren?

a Nein, das kann ich mir nicht vorstellen.

b Was soll es denn da zu regeln geben? Das sieht doch

ein Blinder mit Krückstock, wie so ein Ding funktioniert.

c Ja, den Behörden traue ich alles zu.

4. Was ist eine Einfriedung?

a Das Urteil eines Friedensrichters im Mittleren Westen der USA.

b Zäune und Hecken um Rasenflächen.

c Schlichtungsverfahren bei Tarifverhandlungen im öffentlichen Dienst.

5. Was ist ein eingeschränkter Lichtraum?

a Ein Darkroom in einer Diskothek für Homosexuelle.

b Ein Verkehrszeichen in Deutschland.

c Rundfunkwarnung in den Wintermonaten in Skandinavien.

6. Wann sprechen Behörden von einem Formgebrechen?

a Wenn der Bürger als Bittsteller in nicht korrekter Kleidung auftritt.

b Wenn der Dienstälteste nicht befördert wird.

c Wenn in einem Antrag wichtige Angaben fehlen.

7. Wo wächst Großgrün?

a In den Amtsstuben, mit Genehmigung durch den Dienststellenleiter.

b An den Straßen, mit Einwilligung des Grünflächenamtes.

c In den Köpfen einiger Politiker der Grünen, die eines Tages bei der Bundestagswahl die Mehrheit im Parlament stellen wollen.

8. Wer kümmert sich um die menschlichen Bedürfnisse von Servicetechnikern auf einer Windkraftanlage in der Nordsee?

a Keiner, die Jungs werden garantiert vergessen.

b Keiner, aber die Ehefrauen der Techniker denken an sie.

c Drei Berufsgenossenschaften, die Kommission der EU in Brüssel sowie das Umweltministerium in Berlin.

9. Wann wird von einer Luftverlastung gesprochen?

a Beim Überschreiten von Schadstoffen in der Luft.

b Bei einer Grundlage für eine neue Steuer für Schwerreiche, die mit einem eigenen Jet oder Hubschrauber fliegen.

c Beim Transport von Geräten per Hubschrauber bei der Polizei.

10. Ist Oberflächenwasser eine Gefahr für die Gesundheit?

a Nein, es ist nicht gefährlicher als Regen.

b Nicht, wenn es an der Oberfläche bleibt.

c Man weiß ja nie, was da alles runterkommt.

11. Was ist ein Organmandat?

a Die Zustimmung eines Sterbenden zur Transplantation seines Herzens.

b Die Bescheinigung für den Chirurgen, dass er die Operation vornehmen darf.

c Eine Erlaubnis für Behörden, Bußgelder einzutreiben.

12. Was ist mit Parteienverkehr gemeint?

a Geschlechtsverkehr von Mitgliedern unterschiedlicher Parteien.

b Öffnungszeiten der Behörden.

c Spezielle Verkehrsvorschriften vor dem Reichstag in Berlin.

13. Wann sind Verträge schwebend unwirksam?

a Betrifft mich nicht, da geht es um Absprachen zwischen Drahtseiltänzern.

b Wenn man sich nicht zur Unterschrift entscheiden kann.

c Solange sie nicht gültig sind, weil zum Beispiel Minderjährige unterschrieben haben.

14. Warum musste in Berlin ein Seilbahngesetz erlassen werden?

a Weil jedes Bundesland ein solches Gesetz haben muss.

b Weil in Berlin der Bau einer Seilbahn geplant wird.

c Weil das Gesetz nach dem Grundlagenvertrag von der Regierung der DDR übernommen werden musste.

15. Wann spricht der Umweltdezernent von Spontanvegetation?

a Beim Anblick der Speisekarte in der Kantine seiner Behörde.

b Bei Unkraut.

c Wenn ihm nichts Spontanes mehr einfällt.

16. Was ist mit Versagung gemeint?

a Das Jahrestreffen der größten Versager aus Sport, Politik und Wirtschaft.

b Eine in der Regel begründete Ablehnung eines Antrages.

c Versagensängste von Fußballspielern bei Torschuss und Elfmeter.

17. Was ist denn nun ein raumübergreifendes Großgrün?

a Die Überwucherung von Gebäuden durch Pflanzenwildwuchs.

b Nur der Titel dieses Buches, frei erfunden vom Autor.

c Bestimmt wieder so ein Behördenwort.

Vorwort

Eigentlich ist es sehr einfach. Einfach deshalb, weil selbstverständlich alles geregelt und vorgeschrieben ist: Die Amtssprache in der Bundesrepublik Deutschland ist Deutsch. Denn die Benutzung der deutschen Sprache in der Öffentlichkeit ist eine gesetzliche Pflicht, damit Bürger und Behörden nicht aneinander vorbeireden. Unabhängig von gewissen Bestrebungen, Deutsch als Amtssprache im Grundgesetz zu verankern, sind die gesetzlichen Bestimmungen bereits jetzt eindeutig. Für die Verwaltungsbehörden des Bundes schreibt § 23 des Verwaltungsverfahrensgesetzes vor: «Die Amtssprache ist Deutsch.» Für die Finanz- und Sozialbehörden sowie für die Gerichte sind die Regelungen ebenfalls eindeutig – Deutsch ist Pflicht.

Warum aber werden wir Bürger dann so gequält? Warum sind wir hinterher nicht schlauer, sondern wieder einmal verzweifelter, wenn Behörden Bescheide, Beschlüsse und Bekanntmachungen erlassen, die keiner versteht? «Einantwortung», «Einfriedung», «Bestallung» und «Beelterung» – es gibt so viele merkwürdige und vor allem unverständliche Begriffe aus der Behördensprache, dass man damit ein ganzes Buch füllen kann. Das habe ich hier getan.

Nach einer Studie der Gesellschaft für deutsche Sprache haben 86 Prozent der Bundesbürger Probleme mit dem Beamtendeutsch in Briefen von Behörden und Gerichten. Auch 81 Prozent der Befragten mit Abitur oder Hochschulabschluss verstehen bei vielen Fachbegriffen und Schachtelsätzen nur Bahnhof. Die Blähsprache vom Amt nervt und ärgert.

Es muss eine geheime Verschwörung geben. Verwaltungsbeamte, Juristen und Politiker haben sich offenbar vor einigen Jahrhunderten in die Hand versprochen, Bürger und Steuerzahler fortlaufend mit einem absurden Kauderwelsch zu quälen: mit Aussagen, die sich widersprechen, mit Satzgebilden, die eine komplette Seite füllen und mindestens fünfmal durchgearbeitet werden müssen, bevor man sie nachvollziehen kann, oder mit unfreiwillig komischen Wortungetümen wie «Personenvereinzelungsanlage» oder «Spontanvegetation», die zwar lustig sind, aber doch ratlos machen.

Was aber sollten die Motive dieser wortwörtlichen Verschwörung sein? Schadenfreude, weil der einfache Bürger mal wieder der Depp ist? Liegt es am Leben im Beamtenturm, weil die Insassen dieser Einrichtung nach langen Dienstjahren nicht mehr wissen, wie außerhalb ihres Turmes gesprochen und geschrieben wird? Weitere böse Absichten sollen hier gar nicht unterstellt werden, denn das wichtigste Motiv für den Gebrauch möglichst schwerverständlicher Satzkonstruktionen ist altbekannt: Wissen ist Macht. Wie viele Verwaltungsbeamte wären ohne Beschäftigung, wenn es nicht immer neue Vorschriften und Erlässe gäbe, die oftmals erst nach jahrelangen Beratungen und Sitzungen zustande kommen. Was hätte eine Unzahl von Rechtsanwälten und Richtern noch zu tun, wenn sich die Bürger nicht immer wieder im Verordnungsdschungel verfangen würden?

Für die konsequente Anwendung der absurden Amtssprache gibt es auch noch andere Gründe. Die Tradition etwa: Seit dem Aufkommen der Behördensprache im 19. Jahrhundert über Kaiserreich und Hitlerzeit hinweg wurden so die Untergebenen angesprochen. Verständnisfragen oder gar die Infragestellung der Anordnungen von oben durch die betroffenen Adressaten waren nicht erlaubt und hätten damals zu Verfolgung und Bestrafung geführt.

Heute wäre dies zwar möglich, doch nun drohen neuzeitliche Einflüsse, alles noch schlimmer zu machen. Das Streben nach höchstmöglicher Rechtssicherheit etwa, um Klagen gegen die Gesetze besser abschmettern zu können. Deshalb neigen ihre Verfasser dazu, mit ausschweifenden Beschreibungen alle eventuellen Tatbestände zu erfassen und keinen rechtsfreien Zwischenraum zuzulassen. Gut gemeint, aber schlecht gelöst.

Und was unternehmen Politiker, um diesen Bürokratenmief abzuschütteln? Manche bemühen sich ja redlich, doch noch viel mehr von ihnen flüchten ins sogenannte Denglisch. Das macht die Sache nicht unbedingt besser. Wer weiß schon als Normalsterblicher, was «Cluster» sind oder wann eine «Evaluation» bevorsteht? Und wird das Vertrauen in die Politik wirklich größer, wenn die nächste Erhöhung als Beitragsanpassung und Stillstand als Nullwachstum verkauft werden sollen?

Was heute «an sprachlich-moralischer Verluderung stattfindet, ist immer schwerer zu ertragen», befand bereits vor einigen Jahren der damalige Bundestagspräsident Wolfgang Thierse (SPD), und der frühere Bundespräsident Roman Herzog warnte: «Unsere Muttersprache ist das Deutsche tatsächlich insofern, als wir sie von unseren Müttern lernen. Ob wir mit ihr aber auch so unbestreitbar nett umgehen wie mit unseren Müttern, das lässt sich doch füglich bezweifeln. Wir rühmen sie zwar zur rechten Zeit – an den Muttertagen gewissermaßen. An allen anderen Tagen des Jahres malträtieren wir sie nach allen Regeln der Kunst.»

Die ersten Bundestagsabgeordneten haben sich mittlerweile der Aktion «Deutschpflicht für Politiker» angeschlossen. Doch den vielen Worten folgen nur selten Taten. Die Beamtensprache wächst täglich durch die Flut von neuen Verordnungen und Gesetzen, die inzwischen vor allem die Europäische Union erlässt. Zusammengerechnet sollen es bereits über 100 000 Seiten sein, verfasst und kontrolliert von 24 000 Beamten in Brüssel, also zahlenmäßig von der gesamten Einwohnerschaft einer Kleinstadt. Dieses Bürokratiemonster erbricht täglich neue Gesetze, Verordnungen und Formulare – mit Formulierungen, Schlussfolgerungen und Wortbegriffen, die der Normalbürger nicht mehr versteht. Kuriose Beispiele werden auf den folgenden Seiten genannt und größtenteils zum ersten Mal überhaupt übersetzt.

Grund zum Handeln gäbe es auch aus finanziellen Gründen. Allein die Bürokratien des Bundes und der Europäischen Union kosten nicht nur die Bürger Nerven, sondern auch die Unternehmen jährlich zwischen 35 und 40 Milliarden Euro. Diese Zahlen hat das Statistische Bundesamt der Bundesregierung übermittelt. Die Betriebe unterliegen 11 000 Informationspflichten, deren Erfüllung allein 27 Milliarden Euro pro Jahr erfordert. Weitere 6,2 Milliarden Euro verschlingt die Auflage, dass alle Rechnungen zehn Jahre lang aufbewahrt werden müssen. Die Steuererklärungen kosten die Wirtschaftsunternehmen noch einmal 3,65 Milliarden Euro im Jahr. Nur die Bearbeitung wohlgemerkt, ohne die fälligen Steuern, Voraus- und Nachzahlungen. Bis zum Jahr 2011 sollen diese Bürokratiekosten nach einem Beschluss der Bundesregierung um ein Viertel verringert werden. Wird da wieder einmal zu viel versprochen?

Die Beamtensprache führt uns damit in das zentraleuropäische Absurdistan. Da wird einer Stadt wie Berlin mit einem Bußgeld von 700 000 Euro gedroht, wenn nicht ein Seilbahngesetz erlassen wird, was in dieser Stadt nachweislich aber gar nicht gebraucht wird, weil mangels Bergen niemals eine Seilbahn Berlin durchqueren wird. Ein Bäcker in der EU muss heutzutage 220 Vorschriften und Gesetze beachten, bevor er das erste Brötchen verkaufen kann. Mehr als 10 000 Produktnormen legen fest, wie beispielsweise der Sitz eines Traktors beschaffen sein muss, und die Verordnung der EU über die Beschaffenheit von Schnullerketten füllt 52 Seiten. Und Marmelade darf laut Bestimmung nicht mehr Marmelade heißen.

Der Jubel von Politikern über die Abschaffung der Krümmungsverordnung von Gurken ist vor diesem Hintergrund keinesfalls der seit vielen Jahren herbeigesehnte und herbeigeredete Beginn einer Entbürokratisierung, sondern wohl eher sprachliche Kosmetik. Denn für Aprikosen und Artischocken über Bleichsellerie bis zu Kiwis, Knoblauch und Zwiebeln gelten weiterhin millimetergenaue Vorschriften, für deren genaue Kontrolle ein Heer von weiteren Beamten aufgestellt werden müsste.

In diesem Buch werden neben Begriffen aus der Behördensprache auch blödsinnige Verordnungen erstmals umfassend genannt und aufgeführt – selbstverständlich ordentlich der Reihe nach. Und es geht auch um die skurrilen Folgen der Behördensprache in den Schreiben an Versicherungen sowie in den Reden der Politiker.

Gibt es denn in diesem Verwaltungsdschungel und Sprachdickicht gar keine Hoffnung, keinen Weg, der ins Licht führt? Kein Happy End im letzten Kapitel? Wie immer im Leben sollte man das Beste daraus machen: Lesen, staunen und schmunzeln Sie also über den Verwaltungswahnsinn – die Beamtensprache kann unabsichtlich durchaus

Freude bereiten. Manche der hier genannten Begriffe eignen sich wunderbar als Rätselspaß für die ganze Familie. Und viele Verordnungen sind eben auch ein schöner Grund, sich mal wieder richtig aufzuregen. Da weiß man doch wieder, wofür Steuern gezahlt werden.

Das grundsätzliche Problem immerhin ist erkannt. Und das ist ja schon, rein theoretisch betrachtet, die Grundlage für Einkehr und Kurswechsel. Städte wie Hamburg oder Bochum haben inzwischen Stellen und Stäbe eingerichtet, die die Entbürokratisierung vorantreiben sollen und durchaus erste Fortschritte vorweisen können. Andere Kommunen haben sich der vom Germanistischen Institut der Ruhr-Universität Bochum gegründeten Datenbank angeschlossen und lassen ihre Verordnungen vor Inkrafttreten auf Verständlichkeit überprüfen.

Das macht Sinn, so wie bei diesem Beispiel: «Hiermit gewähre ich gemäß § 100 Abs. 1 Nr. 1 Bundessozialhilfegesetz (BSHG) Eingliederungshilfe nach § 39, 40 Abs. 1 Nr. 8 und § 43 Abs. 1 BSHG in Verbindung mit § 55 Abs. 1. Nr. 2 des neunten Sozialhilfegesetzbuches (SGB IX) in folgender Einrichtung: dem Kindergarten in der Rosenstraße.» Es geht auch einfacher, wie die Überarbeitung zeigt: «Die Behörde übernimmt die Kosten für den Kindergartenplatz in der Rosenstraße.»

A

Abgängigkeitsanzeige

Eine Abgängigkeitsanzeige einer vermissten Person kann bei der Polizei des Wohnortes oder des letzten Aufenthaltsortes erstattet werden. Wer abgängig ist, gilt im Behördendeutsch als vermisst. Aufgrund der Abgängigkeitsanzeige wird eine Fahndung durch die Polizei eingeleitet. Bei vermissten Kindern erfolgt diese sofort, bei abgängigen Erwachsenen wird in der Regel eine Frist von 24 Stunden abgewartet.

Abkoten

Aus Sicht der Behörden und sicherlich auch nach Meinung vieler Familien mit Kindern, die in Sandkästen spielen, wäre eine Abortpflicht insbesondere für Hunde dringend geboten. Dummerweise gibt es da natürliche Grenzen, und die Erbanlagen eines Hundes würden im krassen Widerspruch zur Erfüllung einer derartigen Abortpflicht stehen. Beim Hundehaufen spricht und schreibt der Gesetzgeber gern von Abkoten. Dabei geht doch gerade Hundekot nur sehr schwer wieder ab von Schuhen und Sandalen.

Doch Vorsicht: Wer Hundekot aus welchen Gründen auch immer anfasst, kann sich, auch rechtlich gesehen, schnell die Hände schmutzig machen. Gerade noch rechtzeitig vor einem solchen Missgriff wurde folgendes Fallbeispiel in der *Deutschen Verwaltungspraxis*, der «Fachzeitschrift für die öffentliche Verwaltung», entwickelt: «Nach dem Abkoten bleibt der Kothaufen grundsätzlich eine selbständige bewegliche Sache, er wird nicht durch Verbinden oder Vermischen untrennbar Bestandteil des Wiesengrundstücks, der Eigentümer des Wiesengrundstücks erwirbt also nicht automatisch Eigentum am Hundekot.» Und das Amtsgericht Düsseldorf kam zu folgendem Urteil: «Wer auf einer Spiel- und Liegewiese einen Hund abkoten lässt und den Kot nicht beseitigt, macht sich wegen umweltgefährdender Abfallbeseitigung strafbar.»

Ablichtung

Damit ist keinesfalls die Bepflanzung einer Waldlichtung gemeint, was dann zur Abmeldung der Lichtung führen müsste. Vielmehr wird dieser altmodische Begriff noch immer in vielen Verordnungen und Gerichtsurteilen anstelle von «Kopie» verwendet. Eine ganz normale Ablichtung kann die Behörden allerdings in der Regel nicht überzeugen, oft muss sie amtlich beglaubigt sein. Mit der amtlichen Beglaubigung einer Ablichtung bestätigt die Behörde, dass die Kopie mit dem Original übereinstimmt.

Abort

Vor der Sprachregelungsflut der Behörden sind wir in keiner Situation sicher, wirklich in keiner. Ein Beispiel, mitten aus dem Leben: Beim gepflegten Essen mit guten Freunden im vornehmen Restaurant verspürt der Gast urplötzlich ein dringendes Bedürfnis. Wie formuliert er es nun? Muss er zur Toilette oder lieber zum WC? Etwas von «mal eben frisch machen» murmeln und schnell den Platz verlassen?

Alles falsch, zumindest aus behördlicher Sicht. Denn wer muss, muss nach den einschlägigen Gaststättenverordnungen zum Abort. Abort – wie das schon klingt! Wenngleich das Wort an sich schon Sinn macht. Schließlich wird an diesem Ort hinter hoffentlich verschlossenen Türen etwas abgeführt, auch wenn es zum Bedauern der Behörden keine

Steuern sind. Nach § 8 Abs. 1 der hessischen Gaststätten-verordnung müssen «die Abortanlagen für die Gäste leicht erreichbar, gekennzeichnet und von anderen Abortanlagen getrennt sein». Abs. 5 schreibt vor, dass Abortanlagen für Frauen und Männer durch durchgehende Wände voneinander getrennt sein müssen. Und damit nicht alles widerlich überläuft, ist auch die Wasserspülung per Verordnung vorgeschrieben.

Noch genauer regelt die Benutzungsordnung für Toiletten in Sachsen-Anhalt die Vorgänge: «Vor dem Hinsetzen auf das Sitzstück sind die Beinkleider bis zu den Knien herunterzuschieben. Der Benutzer setzt sich unter gleichzeitigem Anheben der Oberbekleidungsstücke so tief in die Hocke, bis das Gesäß in die Sitzaufnahme einrastet. Das Gewicht des Körpers ist gleichmäßig, gleichzeitig verteilt, der Oberkörper leicht nach vorn geneigt. Die Ellenbogen ruhen auf dem Muskelfleisch der Oberschenkel, der Blick ist frei geradeaus gerichtet.»

Nachdem die Blickrichtung auf der Toilettenschüssel also schon mal geklärt ist, schreibt § 6 der Benutzungsordnung für alle öffentlich zugänglichen Toiletten in diesem Bundesland die Darmentleerung zwingend vor: «Unter ruhigem Ein- und Ausatmen drängt der Benutzer unter gleichmäßigem Anspannen der Bauchmuskulatur den ausscheidungsreifen Inhalt des Mastdarms bei gleichzeitigem Entspannen des Afterschließmuskels in den dafür vorgesehenen Durchbruch des Porzellanbeckens. Die Äußerung von gutturalen Stimmlauten, umgangssprachlich auch als Ächzen oder Stöhnen bezeichnet, ist auf das absolut notwendige Maß zu beschränken.»

Abschiebung

«Die Abschiebung nach Jamaika ist für einen psychisch Kranken, der unter paranoid-halluzinatorischer Schizophrenie leidet, nicht mit einer erheblichen Gefahr für Leib oder Leben im Sinne des § 60 Abs. 7 Satz 1 des Aufenthaltsgesetzes verbunden.» So ein Urteil des Oberverwaltungsgerichtes Hamburg – und die Richter müssen es ja wissen.

Abschlägige Mitteilung

Diese schlechte Nachricht hat wohl jeder schon einmal erhalten: «Leider ist Ihr Antrag abschlägig beschieden.» Der Wunsch des Bürgers ist damit also abgelehnt worden. «Abschlägige Bescheide sind zu begründen», hat immerhin der Europäische Gerichtshof entschieden, und darauf kann sich jeder berufen. Die abschlägige Mitteilung wird in der Regel als Bescheid zugestellt.

Abstandseinhaltungserfassungsvorrichtung

Trinken Sie bitte jetzt nacheinander drei Schnäpse oder wahlweise zwei volle Gläser Rotwein und sprechen dann dieses wunderschöne Wortexemplar aus dem unerschöpflichen Inventar der Behördensprache so schnell wie möglich nach. Ein Wort – 40 Buchstaben! Gemeint ist damit die Bodenmarkierung vor einem Schalter in einer Bank, bei der Bahn oder eben in einer Behörde, wo die Einhaltung eines Abstandes selbstverständlich amtlich erfasst werden muss.

Aktenkundig

Hier geht es nicht um die Detailkenntnisse eines Beamten über den Inhalt einer Akte, mit denen er seine Aktenkunde unter Beweis stellt. Vielmehr ist jeder Schriftverkehr zwischen Bürger und Behörde erst dann amtlich, wenn die

Schreiben der jeweiligen Akte auch beigeheftet werden und damit aktenkundig sind. Erst dadurch sind Forderungen und Vorwürfe beweis- und belegbar. Die Abgabenordnung schreibt zum Beispiel Finanzbehörden nach § 99 vor: «Führt die Finanzbehörde einen Augenschein durch, so ist das Ergebnis aktenkundig zu machen.»

Alimente

Bei diesem Beispiel ist es ausnahmsweise einmal zu einer Vereinfachung in der Beamtensprache gekommen. Unterhalt nennen die Behörden inzwischen in der Regel die Pflicht des Mannes, für Frau und Kinder nach Trennung und Scheidung zu zahlen, sofern sein Einkommen dies zulässt. Dennoch besteht im Familienrecht kein Grund zur Entwarnung, was Wortschatz und Formulierungskunst angeht. Vergleiche auch *Erwerbsobliegenheit*.

Ampelmännchen trifft Ampelweibchen

Laut Straßenverkehrsordnung (StVO) gibt es in Deutschland zurzeit insgesamt 648 unterschiedliche Verkehrszeichen. Zwanzig davon zeigen männliche Figuren in verschiedenen Positionen, zum Beispiel als Fußgänger beim Gang über den Zebrastreifen, auf dem Fahrrad sitzend oder als schwer schuftender Bauarbeiter. Aber nur sechs von den 648 Verkehrszeichen zeigen eindeutig weibliche Piktogramme. Dabei handelt es sich immer um dasselbe Motiv: eine Frau im Rock und mit Kind an der Hand. Diese Diskriminierung im Schilderwald wollten einige Frauenrechtlerinnen in den vergangenen Jahren nicht länger hinnehmen. Denn nach ihrer Meinung definieren sich Frauen selbstverständlich nicht ausschließlich darüber, dass neben ihnen ein Kind steht.

Doch wie könnte ein Ampelweibchen aussehen? Handtasche oder Stöckelschuhe tragend? Im Minirock oder lieber so bieder wie das Ampelmännchen, das ja auch nicht in Shorts die Straße überquert? Zu einem Ampelfrau-Malwettbewerb rief deshalb im Januar 2008 die Arbeitsgemeinschaft Sozialdemokratischer Frauen (ASF) im Bundesland Bremen auf. Gewinner war ausgerechnet der Entwurf eines Mannes, der sich nun mit Fug und Recht als Freund der Frauenbewegung bezeichnen darf. Sein Entwurf zeigt eine Hexe mit Busen, Besen und Po. Diese provokante Pose kam bei der Frauenjury am besten an. Doch noch leuchtet nirgendwo dieses verhexte Ampelweibchen.

Als erste deutsche Stadt überhaupt hat Zwickau in Sachsen einer Ampelfrau die amtliche Genehmigung erteilt. Seit November 2004 regelt nun ein weibliches Gegenstück zum Ost-Ampelmännchen den Fußgängerverkehr an der Kreuzung Ecke Crimmitschauer und Werdauer Straße. Entworfen wurde es von der ortsansässigen Firma Roßberg GmbH, die bereits 1961 die Vorlage für das DDR-Ampelmännchen geliefert hatte. Das Zwickauer Ordnungsamt hatte für das Anbringen der Ampelweibchenschablone eine Ausnahmegenehmigung im Rahmen des behördlichen Ermessensspielraums erteilt.

Auch im Kölner Stadtteil Ehrenfeld trägt zum ersten Mal ein Ampelweibchen die Signalfarben Rot und Grün, ebenfalls mit einer solchen Ausnahmegenehmigung ausgestattet.

Kurios, aber auch im 21. Jahrhundert ist die Gleichberechtigung in der Straßenverkehrsordnung nicht vorgesehen. Die entsprechenden Normen für Lichtsignalanlagen beziehen sich ausschließlich auf Ampelmännchen-Ost und Ampelmännchen-West, Ampelweibchen dagegen sind hier unbekannte Wesen. Schweden ist da einen entscheidenden

Schritt weiter. Seit Anfang 2009 ist für die Ampelmännchen eine weibliche Begleitung vorgeschrieben, Weibchen und Männchen leuchten abwechselnd.

Allerdings sollte auch nicht verschwiegen werden, dass die Umsetzung der Gleichberechtigung im gesamten Schilderwald Unsummen verschlingen würde. Die Kosten für ein Verkehrsschild und seine Aufstellung werden mit durchschnittlich 200 Euro kalkuliert. Bei etwa 20 Millionen Verkehrsschildern in Deutschland müssten also zehn Millionen Schilder ausgetauscht werden.

Die von Verkehrspolitikern immer wieder gern ausgerufene Durchforstung des Schilderwaldes ist übrigens oftmals nur ein Bluff: So verkündete unlängst die Verkehrsministerkonferenz den Verzicht auf 22 überflüssige Verkehrszeichen wie beispielsweise die Ausweisung von 80 Stundenkilometern als Richtgeschwindigkeit oder auf eigentlich sinnvolle Hinweise auf Autobahnhotels. Doch gleichzeitig sollen neun neue Verkehrsschilder in die Straßenverkehrsordnung aufgenommen werden. So soll die Ausweisung von Sehenswürdigkeiten entlang der Autobahn sogar noch ausgeweitet werden; neu ist auch die Kennzeichnung von Straßen für Gespannfuhrwerke. Von einem Abbau des Schilderwaldes kann also kaum die Rede sein.

Amtlicher Lichtbildausweis

Ein amtlicher Lichtbildausweis ist ein von einer Behörde ausgestellter, mit einem Foto versehener Nachweis der Identität. Wenn kein amtlicher Lichtbildausweis vorhanden ist, kann nach den Bestimmungen auch ein Identitätszeuge aussagen. Dieser Zeuge sollte allerdings über einen Ausweis verfügen, sonst müsste ja am Ende eine ganze Reihe von Identitätszeugen aufmarschieren.

Amtmännin

Die Gleichberechtigung schreitet voran, wie ein Runderlass des Bundesinnenministeriums bezeugt: «Als weibliche Form der Amtsbezeichnung Amtmann stehen ab sofort wahlweise die Amtsbezeichnungen Amtmännin oder Amtfrau zur Verfügung. (…) Weibliche Beamte, die bereits die Amtsbezeichnung Amtmännin führen, können der zuständigen Behörde mitteilen, dass sie die Amtsbezeichnung Amtfrau führen möchten. Sie erhalten einen schriftlichen Bescheid über die Änderung der Amtsbezeichnung. Ein Amt mit der Bezeichnung Amtmann wird weiblichen Beamten nicht mehr verliehen.»

Amtsarzt

Einfache Begriffe und Formulierungen sind in der Behördensprache zu unterlassen, wie auch dieses Zitat aus der «Ersten Rechtsbereinigungsverordnung» zeigt: «In Abs. 1 wird das Wort ‹Amtsarzt› durch die Worte ‹Arzt des Arbeitsmedizinischen Dienstes der Binnenschifffahrts-Berufsgenossenschaft oder von einem Betriebsarzt des Arbeitsmedizinischen Dienstes der Wasser- und Schifffahrtsverwaltung des Bundes oder der Verwaltung eines Landes oder von einem Arzt eines hafenärztlichen Dienstes› ersetzt.»

Amtsschimmel

In diesem Buch springt der Amtsschimmel von Seite zu Seite und wiehert fröhlich vor sich hin. Woher aber kommt dieser Ausdruck? Eine von zwei möglichen Erklärungen führt in die Schweiz: Dort wurden nämlich im 19. Jahrhundert die Amtsakten von Boten per Pferd zugestellt. Vielleicht bezieht sich der Ausdruck aber auch darauf, dass Akten oft lange herumliegen und Schimmel ansetzen. Bei genauerer

Betrachtung spricht mehr für die erste Variante: Schimmel, die von Amt zu Amt traben und auf Paragraphen und Vorschriften herumreiten.

Amtsverschwiegenheit

Neben der Einhaltung des Datenschutzes sind Beamte auch zur Amtsverschwiegenheit verpflichtet. So soll sichergestellt werden, dass der Beamte nicht abends seiner Frau erzählt, dass der Nachbar einen Bauantrag gestellt hat, und am nächsten Tag die Ehefrau der Ehefrau eines anderen Nachbarn davon erzählt. Abgesehen von einem solchen Szenario, dessen weiteren Verlauf man sich gut ausmalen kann, macht die Amtsverschwiegenheit sicherlich gerade beim Jugendschutz oder auch bei Steuern Sinn.

Sie gilt auch gegenüber anderen Behörden und mitunter sogar gegenüber der Justiz. So befand das Oberlandesgericht Karlsruhe: «Ehrenrührige Äußerungen, die gegenüber einer zur Amtsverschwiegenheit verpflichteten Behörde abgegeben werden, um diese zur Überprüfung eines bestimmten Verhaltens zu veranlassen, sind grundsätzlich nicht rechtswidrig und führen deshalb auch grundsätzlich nicht zu einem Unterlassungsanspruch des Betroffenen.» Auf die Amtsverschwiegenheit soll sich der Bürger eben verlassen können.

Anbringen

Als Anbringen bezeichnen Behörden die Kontaktaufnahme eines Bürgers, und zwar aus eigenem Anlass. Anträge, Gesuche, Anzeigen, Beschwerden und sonstige Mitteilungen können schriftlich, persönlich oder telefonisch angebracht werden.

Anheimstellen

Der Begriff «anheimstellen» ist gleichbedeutend mit «überlassen». Etwa so: Wir stellen es Ihnen anheim, den Ausdruck «anheimstellen» überhaupt zu verwenden.

Anleiterbarkeit

Laut Baurecht vieler Gemeinden muss beim Neubau von Gebäuden die Anleiterbarkeit berücksichtigt werden. Man müsste nur erst einmal wissen, was das überhaupt ist.

Anleiterbarkeit kann lebensrettend sein: Wenn es brennt, muss die Feuerwehr eine Leiter an das Gebäude stellen können. Extreme Schräglagen des Gebäudes sind deshalb nicht gestattet.

Anonymverfügung

Eine Anonymverfügung ist eine Verwaltungsstrafe, die einer Person zugestellt wird, von der die Behörde annimmt, dass diese einen Verwaltungsübertreter kennt oder diesen leicht feststellen kann.

Beispiel aus der Praxis: Bei einer Geschwindigkeitsübertretung kann die Polizei beim Blitzen zunächst anhand des Kennzeichens nur den Halter des schnellen Pkws feststellen, nicht aber den Fahrer selbst, dem nun Bußgeld und Punkte in der Flensburger Verkehrssünderdatei drohen. Also wendet sich die Polizei an den Halter des Pkws und fordert zur Mitteilung auf, wer an besagtem Tag zur genannten Uhrzeit am Steuer saß. Die Anonymverfügung kann nur dann ausgestellt werden, wenn die Übertretung durch Organe der öffentlichen Aufsicht im Dienst (beispielsweise Polizeibeamte) oder durch eine automatische Überwachung (Radaranlage) festgestellt wurde. Gegen die Anonymverfügung ist kein Rechtsmittel zulässig.

Anweisung

In der «Dienstanweisung Automatisierte Datenverarbeitung in der Finanzverwaltung» ist Folgendes zu lesen:

«Die Anweisung: Bei der Anweisungsgruppe 0 ist das Datum der Tagesnachweisung das Anweisungsdatum. Anweisungen der Anweisungsgruppe 1 (Wiederholungsanweisungen) sind mit dem Datum des ursprünglichen Anweisungstages zu erteilen. Als Anweisungsdatum ist bei den Anweisungsgruppen 2–4 der Tag anzuweisen, an dem die Anweisung erteilt wurde.»

Wenn das keine klare Anweisung ist.

Arbeitnehmerveranlagung

Bei der Arbeitnehmerveranlagung wird die Steuer für das im Kalenderjahr bezogene Einkommen im Nachhinein neu berechnet. Beispiel: Wurden lohnsteuerpflichtige Einkünfte während des Kalenderjahres nicht ganzjährig bezogen, aber für das ganze Jahr versteuert, kommt es durch die Jahresabrechnung in der Regel zu einer Gutschrift. Eine Gutschrift kann auch erwartet werden, wenn Freibeträge für Werbungskosten, Sonderausgaben oder außergewöhnliche Belastungen geltend gemacht werden, die noch nicht berücksichtigt wurden.

Arbeitsrecht

Das Landgericht Rheinland-Pfalz hat folgenden Beschluss gefasst: «An sich nicht erstattbare Kosten des arbeitsgerichtlichen Verfahrens erster Instanz sind insoweit erstattbar, als durch sie erstattbare Kosten erspart bleiben.»

Aufenthaltstitel

Drittstaatsangehörige sind Bürger, die nicht aus der EU kommen. Wenn sie etwa in Deutschland leben und sich länger als sechs Monate in Österreich aufhalten wollen, benötigen sie einen Aufenthaltstitel. Staatsangehörige eines EU-Staates oder der Schweiz benötigen dagegen diesen Aufenthaltstitel nicht. Sie müssen stattdessen innerhalb von drei Monaten eine Anmeldebescheinigung beantragen.

Aufenthaltstitel werden immer für einen bestimmten Zweck erteilt. Ist der vorübergehende Aufenthalt des Drittstaatsangehörigen befristet und hat er keine Niederlassungsabsicht, muss er nur eine Aufenthaltsbewilligung beantragen.

Auflassungsvormerkung

Die Auflassungsvormerkung ist die schriftliche Erklärung des Eigentümers von Grundstücken, dass er mit der Eintragung ins Grundbuch einverstanden ist. Ohne Auflassungsvormerkung mit beglaubigter Unterschrift ist eine Eintragung des Eigentums im Grundbuch nicht möglich. In der Regel ist die Auflassungsvormerkung im Kaufvertrag enthalten.

Ausantwortung

Verantwortung ist immer gut. Aber Deutschlands Behördensprachtechniker haben einen Weg gefunden, wie man auch diese Verantwortung wieder loswird: durch eben die Ausantwortung. Wenn diese erfolgt ist, ist man nicht mehr der Dumme, falls irgendetwas schiefgeht. Da hin und wieder Strafgefangene flüchten und es dann jedes Mal eine Menge Ärger gibt, taucht dieser Begriff vor allem in der Unterabteilung Justiz der Amtssprache auf. «Gefangene dürfen befristet dem Gewahrsam eines Gerichtes, einer Staatsanwaltschaft oder einer Polizei-, Zoll- oder Finanzbehörde auf Antrag überlassen werden (Ausantwortung)», so § 18 des Jugendstrafvollzugsgesetzes der Freien und Hansestadt Hamburg.

Ausfertigung
Manche Bescheide der Behörden werden nicht nur geschrieben, sie werden ausgefertigt. Stempel und Unterschrift des dazu berechtigten Beamten machen aus dem schnöden Amtsschreiben eine Ausfertigung. Vor allem Vollstreckungs- und Pfändungsbescheide werden ausgefertigt.

Ausfuhrbestimmungen
Das Bundeswirtschaftsministerium wollte vor einigen Jahren allen Missverständnissen vorbeugen: «Ausfuhrbestimmungen sind Erklärungen zu den Erklärungen, mit denen man eine Erklärung erklärt.» Da spart man sich dann wohl jede weitere Erklärung.

Ausgleichsabgabe
Wenn es ums Geld geht, ist der Gesetzgeber besonders fleißig: Im Sozialgesetzbuch werden als Ausgleichsabgaben die Gelder bezeichnet, die Arbeitgeber bezahlen müssen, wenn sie nicht die gesetzlich vorgeschriebene Zahl schwerbehinderter Menschen beschäftigen. In den Verordnungen der EU sind Ausgleichsabgaben die Zahlungen, die Unterschiede zwischen den einzelnen Mitgliedsstaaten ausgleichen sollen. Dies hat zum Teil merkwürdige Folgen, wie ein Urteil des Gerichtshofes der EU in Luxemburg belegt: «Die mit der Verordnung Nr. 1591/92 zur Einführung einer Ausgleichsabgabe auf die Einfuhr von Kirschen mit Ursprung

in Bulgarien festgesetzte Ausgleichsabgabe findet nicht nur auf frische Tafelkirschen Anwendung, sondern auch auf solche Kirschen, die zur industriellen Verarbeitung bestimmt sind.»

Auskunftsbeschränkung

Auskunftsbeschränkung steht im Zusammenhang mit der Auskunftserteilung aus dem Strafregister. Sie bedeutet, dass Personen, die bereits von einem Strafgericht verurteilt wurden, für berufliche oder private Zwecke eine Strafregisterbescheinigung («Führungszeugnis») anfordern können, in der keine Verurteilungen erscheinen. Die Auskunftsbeschränkung steht Verurteilten unter folgenden Voraussetzungen zu:

- Sie dürfen höchstens viermal verurteilt worden sein.
- Die Summe aller Freiheits- und Ersatzfreiheitsstrafen darf neun Monate nicht übersteigen.
- Mit den einzelnen Urteilen darf höchstens eine sechsmonatige Freiheitsstrafe verhängt worden sein.

Wird die Zahl der Verurteilungen, die Strafsumme oder die Strafhöhe bei den einzelnen Verurteilungen überschritten, fällt die Auskunftsbeschränkung wieder weg.

Wenn die Auskunftsbeschränkung nicht sofort mit Rechtskraft des Urteils wirksam wird, wird in der Strafregisterbescheinigung angegeben, wann sie eintritt oder ob sie ausgeschlossen ist. Bei bestimmten Berufen und Freizeitbeschäftigungen, vor allem bei solchen, die mit Waffen oder Sprengstoff zu tun haben, ist eine Auskunftsbeschränkung allerdings nicht möglich. Ebenso wenig bei polizeilichen oder gerichtlichen Ermittlungen wegen Verdachts auf weitere strafbare Handlungen.

Auslobung

Auslobung meint das durch öffentliche Bekanntmachung bindende Versprechen, bei Erzielung eines Erfolges eine Belohnung zu zahlen. In der Regel handelt es sich um Geld, das unter ganz bestimmten Voraussetzungen vergeben wird, wie zum Beispiel bei Hinweisen auf Personen, nach denen die Polizei fahndet. Aber auch Preise für Kunstwerke werden von der öffentlichen Hand ausgelobt.

Autobau

Für den Bau eines Autos müssen annähernd 10 000 Vorschriften der EU erfüllt werden, so eine Aufstellung des Verbandes der Europäischen Automobilbauer (ACEA). Beispielsweise ist unter anderem per Einzelverordnung ein Rückwärtsgang vorgeschrieben. Nach Protesten der Automobilbauer sind inzwischen 38 Verordnungen, die mit Autoteilen zu tun haben, von der EU-Kommission wieder aufgehoben worden.

Gewonnen haben die Hersteller damit allerdings nichts, denn diese Vorschriften gelten nun als sogenannte UNECE-Bestimmungen weiter. Die UNECE ist eine Unterorganisation der UNO in Genf, in der neben der EU noch andere Länder vertreten sind.

Arzneimittel

Pharmaunternehmen, die die Zulassung eines neuen Humanarzneimittels beantragen, dürfen laut Richtlinie 2001/81/EG ihre Unterlagen über diese Medikamente nur und ausschließlich in Papierform bei den zuständigen EU-Behörden einreichen. Statt einigen CD-ROMs müssen deshalb für jedes Medikament Hunderte von Akten nach Brüssel geschafft werden.

B

Bananenverordnung

Dieses Buch hilft erstaunlicherweise auch beim Sparen. Der Leser muss lediglich diesen Ratschlag befolgen: Suchen Sie im Internet oder in der einschlägigen Literatur die Verordnung Nummer 2257/94 der Europäischen Kommission vom 16. September 1994 zur Festsetzung von Qualitätsnormen für Bananen, am besten in der geänderten und damit aktuellen Fassung der Verordnung (dann mit der Nummer 228/2206). Nehmen Sie die sieben eng bedruckten Seiten der Verordnung mit zum nächsten Einkauf im Supermarkt oder auf dem Wochenmarkt. Zur Ausrüstung des Konsumenten sollte neben der Verordnung auch ein Zollstock oder ein Maßband gehören.

Und nun vergleichen Sie. Eine frei verkäufliche Banane im Hoheitsgebiet der Europäischen Union muss nämlich mindestens folgende Eigenschaften mitbringen: «Grün, nicht gereift, ganz, fest, mit unversehrtem, ungeknicktem, nicht ausgetrocknetem Stiel und frei von Missbildungen.» Die arme Banane darf «keine Mängel aufweisen, mit Ausnahme sehr leichter oberflächlicher Fehler, deren Fläche insgesamt 1 Zentimeter der Fingeroberfläche nicht überschreitet». Aber ist die Banane, die wir nun in den Händen halten, auch groß und lang genug? Jetzt kommt das Maßband zum Einsatz: «Die Länge muss mindestens 14 Zentimeter und die Dicke mindestens 27 Millimeter betragen.» Es empfiehlt sich jedoch, vor dem Messen im Supermarkt etwas zu üben, denn leicht ist das nicht: «Die Größensortierung erfolgt nach der Länge der Früchte in Zentimeter.

38

Gemessen über die äußere Wölbung vom Stielansatz in der Krone bis zum Blütenende und der Dicke in Millimeter, gemessen als Durchmesser in der Mitte der Frucht zwischen ihren Längsseiten quer zur Längsachse.»

Alles verstanden? Banane entsprechend der Verordnung vermessen? Wenn Ihre Banane dann aber doch zu kurz sein sollte, können Sie umgehend eine Herabsetzung des Verkaufspreises der Banane fordern. Denn mit einer Länge von 13 Zentimetern darf sie eigentlich schon nicht in den Handel, da fehlt ein Zentimeter, Vorschrift ist Vorschrift. Und wenn der Bananenhändler darauf nicht eingehen will, bleibt immer noch die Möglichkeit, umgehend die Europäische Kommission über diesen Vorfall bei Ihrem Einkauf auf dem Wochenmarkt zu informieren. Die werden sich freuen.

Baugenehmigung für Bienen

Leider wieder kein Scherz, sondern bitterer Ernst für einen Bienenzüchter: Der Landkreis Gießen forderte vor einigen Jahren von einem 80-Jährigen aus Reiskirchen in Hessen, der einen Freistand für fünf Bienenvölker im eigenen Garten errichten wollte, eine Baugenehmigung. Denn auch Bienenwohnungen, so das Argument der Behörde, seien Gebäude, die ohne Genehmigung nicht gebaut werden dürfen. Deshalb sollte der Bienenzüchter einen Bauantrag stellen und 342 Euro Verwaltungsgebühr zahlen.

Neben dem ausgefüllten Antrag forderte die Behörde von dem Hobbyimker eine Architektenzeichnung und den entsprechenden Lageplan vom Katasteramt. Dabei ging es nur um Freistände, die nicht begehbar sein sollten. In diesem Fall konnte sich die Behörde am Ende nicht durchsetzen, denn sie hatte die Gesetzeslage nicht überblickt: «Freistehende oder in Freiständern aufgestellte Bienenwohnungen sind, wenn sie leicht demontiert und abtransportiert werden können, nicht als bauliche Anlage zu verstehen.» Bienen brauchen zum Wohnen also weiterhin keine Genehmigung.

Bäume

Amtliche Mitteilung der Gemeinde Bergatreute in der Nähe von Ravensburg: «Bäume mit abgebrochenem Wipfel erholen sich nicht wieder und müssen in jedem Fall auch entnommen werden. Es lohnt sich, auch einzelnen Schadbäumen nachzulaufen, weil diese oft die Keimzelle größerer Käferbefallsnester sind.»

Ach, übrigens: «Der Charakter des Waldes und sein Erscheinungsbild werden in erster Linie durch die Bäume bestimmt.» Das erkannte das Umweltministerium des Saarlandes in einer Presseerklärung aus dem Jahre 2006.

Beamte

Wer schreibt so fleißig die vielen Bescheide, Verordnungen und Gesetze? Nach den Angaben des Statistischen Bundesamtes werden zurzeit fast 1,7 Millionen Beamte in Deutschland beschäftigt und bezahlt; in dieser Zahl sind auch die Richterstellen enthalten. Die wenigsten davon arbeiten im «einfachen Dienst» (nur 0,7 Prozent), davor liegen der gehobene Dienst (53,7 Prozent), der höhere Dienst (24 Prozent) und der mittlere Dienst (21,6 Prozent).

Bedarfsgesteuerte Fußgängerfurt

Sie wohnen in Deutschland und kennen Erfurt oder Schweinfurt? Aber wo liegt denn bloß Fußgängerfurt? Schon mal daran vorbeigekommen? Mit größtmöglicher Sicherheit, denn dieses Wortungetüm ist die behördliche Bezeichnung für eine Fußgängerampel. Genauer gesagt für eine Ampel mit Knopf zum Drücken, wenn die Fußgänger auf die andere Straßenseite wollen und die Autos deshalb anhalten müssen. Dem Leitfaden «Unbehinderte Mobilität» der hessischen Straßen- und Verkehrsverwaltung verdanken wir übrigens die Erkenntnis, dass eine bedarfsgesteuerte Fußgängerfurt vor allem für blinde Mitbürger eine gute Idee ist. Wenig überraschendes Fazit des Leitfadens: «Es ist davon auszugehen, dass die bedarfsgesteuerte Konzeption mehr und mehr zur Regel wird.»

Bedürfnisprüfung
Hier geht es natürlich keinesfalls um die Kontrolle des Harndrangs vor öffentlichen, nach Geschlechtern getrennten WC-Anlagen. Eine Bedürfnisprüfung findet vielmehr dann statt, wenn das Gesetz für die Zulassung einer beruflichen Tätigkeit das Vorhandensein eines öffentlichen Bedürfnisses oder öffentlichen Interesses verlangt, wie zum Beispiel bei der Neueröffnung einer Apotheke.

Da damit das Grundrecht auf freie Berufswahl eingeschränkt wird, waren Bedürfnisprüfungen häufig Anlass für Gerichtsverfahren. Nach dem grundlegenden Urteil des Bundesverwaltungsgerichtes, dem sogenannten Apothekenurteil, darf die Berufsfreiheit nur dann eingeschränkt werden, wenn «der Schutz eines überragend wichtigen Gemeinschaftsgutes» dies erfordert. Als ein solches zählt zum Beispiel der öffentliche Straßenverkehr, und so dürfen Taxis nur nach einer Bedürfnisprüfung neu zugelassen werden. Auch Sportschützen müssen gegenüber den Ordnungsämtern ihr Bedürfnis zum Erwerb und Besitz einer Schusswaffe nachweisen. Dieses Bedürfnis wird allerdings ungeachtet aller Amokläufe bereits dann anerkannt, wenn der Antragsteller Mitglied eines Schießsportvereins ist.

Beelterung

Noch brauchen Mann und Frau keine behördliche Genehmigung, wenn sie Eltern werden wollen. Bei einer Beelterung sieht das allerdings anders aus; denn hierbei handelt es sich um die Vermittlung eines Kindes in eine Pflegefamilie. In diesem Fall wird also in der Regel ein Ehepaar beeltert, so die Sprachregelung der Jugendämter.

Befähigungsnachweis

Neben einer bestandenen Prüfung muss jemand, der sich bewirbt oder einen Antrag stellt, oftmals noch weitere Kriterien erfüllen, wie zum Beispiel das Erreichen einer bestimmten Altersgrenze oder die beglaubigte Ablichtung von Zeugnissen. Wer Gabelstaplerfahrer werden will, sollte nach dem Verkehrsbetriebsgesetz auch seine geistige Eignung nachweisen können: «Eine gute Aufnahmefähigkeit wird erwartet, insbesondere die Fähigkeit, aufgenommenen Signalen sinnvolle Handlungen folgen zu lassen.» Künftige Gabelstaplerfahrer müssen noch über einen weiteren Befähigungsnachweis verfügen: «Insbesondere werden Kenntnisse im Lesen erwartet.»

Beharrungsadresse

Im Beamtendeutsch versteht man unter der Beharrungsadresse die Adresse des dauerhaften Aufenthaltes einer Person. Sie gibt an, wo diese ver- oder eben beharrt.

Beharrungsbeschluss

Beharrungsbeschluss bedeutet in der Amtssprache der Juristen, dass eine Partei trotz des Einspruchs einer anderen dazu berechtigten Partei auf eine getroffene Entscheidung besteht. Sie beharrt also auf ihrer Meinung.

Beiwohnung

Sie haben schon eine Ferienwohnung in sonniger Lage und auch eine Nebenwohnung für gelegentliche Abstecher? Wie wäre es dann noch mit einer Beiwohnung, selbstverständlich mit behördlicher Genehmigung?

Spaß beiseite, eine Beiwohnung mit vier Wänden und einem Dach gibt es gar nicht, hier führt der Begriff komplett in die Irre. Denn im Behördendeutsch ist eine Beiwohnung eine Teilnahme. Herr Müller und Frau Schmidt wohnen einem Gespräch bei, sie sind damit Teilnehmer dieses Gesprächs. Das missverständliche «Beiwohnen» anstelle von «Teilnehmen», was jeder verstehen würde, wird etwa verwendet in § 116 des Sozialgerichtsgesetzes: «Die Beteiligten werden von allen Beweisaufnahmeterminen benachrichtigt und können der Beweisaufnahme beiwohnen. Sie können an Zeugen und Sachverständige sachdienliche Fragen richten lassen.» Sie sind damit also Teilnehmer, die bei der Verhandlung keine Fragen stellen dürfen.

Beleg

Ein anderes Wort für Quittung. Belege sind in diesem Zusammenhang dem Finanzamt lieber, werden leider aber auch nicht immer anerkannt.

Berufung

Wer gegen ein gerichtliches Urteil Rechtsmittel einlegt, geht in die Berufung. So weit die knappe Übersetzung aus der Juristensprache. In der Wissenschaft wird aber die Entscheidung für die Anstellung von Professoren als Berufung tituliert. An eine Universität berufen zu werden macht sich also gut.

Beschäftigung

Gefahr erkannt, Gefahr gebannt. Das können Juristen natürlich viel komplizierter ausdrücken. Aus einem Urteil des Oberlandesgerichts Hamm: «Der Selbstmord durch den Gastod – Öffnen einer stillgelegten Gasleitung, Tod durch ausströmendes Gas und anschließende Explosion mit Zerstörung eines Miethauses – ist eine ungewöhnliche und gefährliche Beschäftigung.»

Bescheid

Damit man über einen Bescheid auch wirklich Bescheid weiß, hat das Finanzamt Ludwigshafen eine entsprechende Rechtshilfebelehrung verfasst. Zitat: «Ein Einheitswertbescheid ist stets Grundlagenbescheid. Ein Grundsteuermessbescheid ein Folgebescheid und gegenüber dem Grundsteuerbescheid der Gemeinde ein Grundlagenbescheid.» Aha ...

Bestallung

Wenn Sie als geneigter Leser dieses Buches jetzt, beim erst zweiten Buchstaben des Alphabets, das Gefühl haben sollten, sich in die Denkweise der Behördensprache schon eingelesen zu haben, irren Sie sich gewaltig. Denn wer kommt schon darauf, dass eine Bestallung nichts mit Landwirtschaft und Rindviechern zu tun hat, sondern mit Jugendämtern und Vormundschaftsgerichten?

Eine Bestallungsurkunde ist das Dokument, mit dem sich der Betreuer in seiner Eigenschaft als solcher ausweisen kann. Die Bestallungsurkunde wird vom Amtsgericht ausgestellt. Dadurch befindet sich die betreute Person (jugendlich oder erkrankt oder beides) gewissermaßen im warmen Stall seines Betreuers.

Beurteiler

Aus einer früheren Anweisung des Bundesbahnvorstandes zur dienstlichen Beurteilung von Beamten: «In Fällen, in denen die Aufgaben des Erstbeurteilers und des Zweitbeurteilers in Personalunion wahrzunehmen wären, geht die Funktion des Erstbeurteilers auf den ersten Vertreter des Erstbeurteilers über. Erstbeurteiler des ersten Vertreters des Erstbeurteilers ist in diesen Fällen der erste Vertreter des Zweitbeurteilers.»

Bienenschwarmgesetz

Auf das gute alte Bürgerliche Gesetzbuch können sich selbst die verlassen, die es niemals lesen können, so etwa Bienen. § 963 des BGB ist ein echter Amtsdeutsch-Klassiker: «Vereinigen sich die ausgezogenen Bienenschwärme mehrerer Eigentümer, so werden die Eigentümer, welche ihre Schwärme verfolgt haben, Miteigentümer des eingefangenen Gesamtschwarms, die Anteile bestimmen sich nach der Zahl der verfolgten Schwärme.»

Wer da zu spät kommt, wird auch in der Bienenzucht vom Leben bestraft, denn, so § 964: «Ist ein Bienenschwarm in eine fremde besetzte Bienenwohnung eingezogen, so erstrecken sich das Eigentum und die sonstigen Rechte an den Bienen, mit denen die Wohnung besetzt war, auf den eingezogenen Schwarm. Das Eigentum und die sonstigen Rechte an dem eingezogenen Schwarm erlöschen.»

Bildschirm

«Ein Bildschirmarbeitsplatz im Sinne der Vorschriften ist ein Arbeitsplatz, der mit einem Bildschirm ausgestattet ist. Das bedeutet, jeder Arbeitsplatz, auf dem ein Bildschirmgerät steht, ist ein Bildschirmarbeitsplatz.» So weit die

Kernaussage der Bildschirmplatzverordnung des Landes Brandenburg.

Billiges Ermessen

Das billige Ermessen kann später durchaus teure Folgen haben. Juristen meinen damit einen fairen, angemessenen Preis. Dabei geht es nicht nur um den Wert der gelieferten Ware oder der vollbrachten Leistung. Die Preisgestaltung muss sich auch an das übliche Maß halten, ansonsten ist sie vor Gericht anfechtbar.

Auch bei Arbeitsverträgen hat der Arbeitgeber durchaus einen Ermessensspielraum, was die Erfüllung seiner Zusagen an den Arbeitnehmer angeht. Dieses Recht auf billiges Ermessen durch den Arbeitgeber darf selbstverständlich zu keiner Willkür führen, damit aus dem billigen Ermessen keine billige Ausrede wird.

Der Ermessensspielraum von Behörden ist teilweise durch Gesetze und Verordnungen geregelt. Was sie konkret bedeuten, ist dann auch wieder Ermessenssache, wie § 5 der Abgabenordnung für Finanzämter belegt: «Ist die Finanzbehörde ermächtigt, nach ihrem Ermessen zu handeln, hat sie ihr Ermessen entsprechend dem Zweck der Ermächtigung auszuüben und die gesetzlichen Grenzen des Ermessens einzuhalten.»

Biosensor

Wer läuft auf vier Pfoten, bellt und wedelt mit dem Schwanz? Die Antwort «Ein Hund!» ist längst nicht immer korrekt, jedenfalls nicht in der Behördensprache. Polizei, Zoll und auch das Technische Hilfswerk bezeichnen ihre Diensthunde gern als Biosensoren. So macht Sprache aus einem kläffenden Vierbeiner eine Art ultramoderne und zugleich noch ökologisch vertretbare Geheimwaffe. Kommen Sie freiwillig mit und geben alles zu, oder müssen wir den Biosensor einsetzen? Die 220 Millionen Riechzellen in seiner Nase (mehr als 44-mal so viel wie beim Menschen) machen den Hund tatsächlich zum perfekten Biosensor. Den Einsatz ihrer Rettungshunde erklärt das Technische Hilfswerk deshalb zur biologischen Ortung.

Blumenkübelverordnung

Eine Großstadt hat durchaus viele Probleme, es gibt große Sorgen und echte Gefahren. Das Kölner Ordnungsamt hat im Sommer 2008 erkannt, wo es trotz aller Regelungen und Vorschriften immer noch drunter und drüber geht: in den Blumenkübeln. Zu viel Grün kann nämlich auch gefährlich sein. Deshalb darf in den Geschäftsstraßen der Domstadt ohne beantragte «Ausnahmegenehmigung zur Sondernutzung auf öffentlichem Straßenland» gar kein Grünzeug mehr vor die Tür gestellt werden.

Wer es aber geschafft und doch eine Genehmigung ergattert hat, muss für eine «ansprechende Begrünung» sorgen. Zudem dürfen Blumenkübel mit Pflanzen eine Höhe von 1,20 Meter nicht überschreiten und auch nicht aus Holz sein. Beton ist dagegen erlaubt. Es gab schon erste Verwarnungsgelder: So kostet ein Verstoß gegen die Kölner Blumenkübelverordnung 35 Euro.

Bordell

Nach einer Entscheidung des Oberlandesgerichtes Düsseldorf ist ein Bordell ein mit «einem sozialen Unwerturteil breiter Bevölkerungskreise behafteter Betrieb». In dem Urteil ging es um ein in einer Eigentumswohnung betriebenes Bordell. In einem solchen Fall gehe es nicht nur um «physikalische Einwirkungen wie Immissionen», urteilte das Gericht. «Die Beeinträchtigung kann auch darin bestehen, dass ein zwar gesetzlich erlaubter, aber mit einem sozialen Unwerturteil breiter Bevölkerungskreise behafteter Betrieb sich negativ auf den Verkehrswert oder Mietpreis der Eigentumswohnungen auswirkt.» Was lernen wir daraus? Zu viel Verkehr senkt den Verkehrswert.

Buntton

Was ist bunt? Und wann wird es farbig? Wo sind die Grenzen zum tristen Schwarz-Weiß? Eine solche Fragestellung lässt garantiert in irgendeiner Amtsstube irgendeinen Bürokraten nicht länger ruhen, bis dies genau geregelt ist. In diesem Fall hat das Deutsche Institut für Normung die nie gestellte Aufgabe übernommen: «Der Buntton (bisher Farbton) beschreibt die Art der Buntheit einer Farbe. Er wird im täglichen Leben mit Wörtern wie rot, grün, blau, violett usw. bezeichnet. (...) Die Buntheit beschreibt die Verschiedenheit einer Farbe vom gleich hellen Unbunt.»

Also, nun wird es aber langsam zu bunt.

Butterfettverordnung

Als es in Europa noch Butterberge gab und die Agrarpolitiker diese Berge aus dem Weg räumen wollten, wurde es Zeit für die Butterfettverordnung, die 1988 per Verordnung erlassen wurde. Mit Beihilfen und Zuschüssen sollte erreicht werden, dass möglichst viel Butter bei der Herstellung von Backwaren und Lebensmitteln verwendet wurde. Zwar sollte die Butter weg, aber ohne Schummeln. So waren «backfertige Buttermürbeteigstangen», die «in ihrer Formgebung Keksen entsprechen» und einen durchschnittlichen Mehlanteil von 46 Prozent haben, «nicht beihilfefähig». Mit anderen Worten: Die Butter sollte weg, aber wenn daraus Kekse gemacht wurden, war das auch nicht in Ordnung.

AKTENNOTIZ I

Bundeswehrdeutsch:
So schreibt die Truppe

Lang, lang ist's her. Es gab einmal eine Zeit, als die Bundeswehr noch nicht in Afghanistan die Freiheit verteidigen, Piraten vor Afrika fangen und im Kosovo für Recht und Ordnung sorgen musste. Als der Feind noch hinter dem Eisernen Vorhang hockte, hatte die Bundeswehr in der alten Bundesrepublik Zeit, viel Zeit.

Weitgehend unbeachtet von der Weltöffentlichkeit, gab es in dieser Zeit nicht nur ein Wettrüsten mit Raketen, sondern auch mit Worten. Denn die DDR sowie die anderen Staaten des Warschauer Paktes verfügten über Heerscharen von schreibkundigen Beamten. Wir hier oder die drüben – wer schreibt mehr überflüssige und blödsinnige Erlasse und Verordnungen und erfindet Begriffe, die weder Feind noch eigene Bürger verstehen? Oder sollte am Ende der Feind völlig verwirrt werden, weil die Abwehrspezialisten der Geheimdienste mit immer neuen Verordnungen der Gegenseite bombardiert wurden und nicht mehr durchblickten?

Diesen Kalten Krieg hat jedenfalls die Bundeswehr gewonnen. Hier die schönsten Zitate aus den Schreibstuben des Heeres und der Marine, mit denen dieser Sieg in der Schlacht der Worte errungen werden konnte:

*«Ab einer Wassertiefe von 1,40 Meter hat der Soldat selb-
ständig mit Schwimmbewegungen zu beginnen. Ein aus-
drücklicher Befehl des Vorgesetzten ist dazu nicht nötig.»*

*«Bei Einbruch der Dämmerung ist mit Dunkelheit zu
rechnen.»*

*«Bei Erreichen des Baumwipfels hat der Soldat selbständig
die Kletterbewegung einzustellen.»*

*«Der Tod stellt aus versorgungsrechtlicher Sicht die
stärkste Form der Dienstunabhängigkeit dar.»*

*«Stirbt ein Bediensteter während einer Dienstreise, so ist
damit die Dienstreise beendet.»*

Auch einige grandiose Wortschöpfungen haben wir der
Bundeswehr zu verdanken:

Betriebsmittelaufnahme: Tanken

Bodenreinigungsgerät mit Stiel, lang: Besen

einachsiger Zweiseitenkipper: Schubkarre

Gliedermaßstab in metrischer Teilung: Zollstock

Haltevorrichtung der Kleinstlebewesen, grau: Mausefalle

Ineinandergreifender Gliederkettenverschluss: Reißver-
schluss

**Truppengattungszugehörigkeitsfarberkennungs-Auf-
schiebschlaufe:** Schulterstücke der Soldaten, durch die
die Truppengattung zu erkennen ist

Wundschnellverband, selbstklebend: Pflaster

C

Chip für Pferde

Wir kennen das aus alten Western: Mit einem glühenden Eisen werden Pferde und Rinder gekennzeichnet. Zurück bleibt das Brandzeichen, an dem die anderen Cowboys und Rancher erkennen, wem die Tiere auf den Weiden gehören. Ungeklärt blieb in diesen Filmen aber immer, was bei einem Besitzerwechsel – ob mit oder ohne Colts – damit passiert. Macht man einfach noch eins drüber?

Brandzeichen sind übrigens immer noch erlaubt, laut EU-Verordnung Nummer 504/2008 gelten sie allerdings nur noch als Markenzeichen. Sie erfüllen keineswegs die mittlerweile umfangreichen Kennzeichnungs- und Informationspflichten des Tierhalters. Alle neugeborenen Fohlen müssen seit dem 1. Juli 2009 mit einem implantierten Chip gekennzeichnet werden. Die EU will mit dieser neuen Kennzeichnungspflicht für Pferde vor allem den Schutz vor der Ausbreitung von Seuchen verbessern. Lebensmittelkontrolleure sollen die Herkunft von Pferdefleisch lückenlos zurückverfolgen können.

Den Fohlen wird der Chip bis spätestens sechs Monate nach ihrer Geburt an der linken Halsseite in Genicknähe implantiert. Nur Tierärzte und geschulte Vertreter der Pferdezuchtverbände dürfen nach dieser neuen Verordnung «chippen» – bezahlen müssen die Besitzer der Tiere.

Alle Merkmale der Pferde sollen europaweit in einer zentralen Datenbank gesammelt werden. Bisher sind bereits Pferdepass und die Erfassung des Erbgutes zwecks Iden-

51

tifizierung von der EU vorgeschrieben. Wenn da nicht der Amtsschimmel wiehert!

D

Dasselung

Dasselfliegenalarm im Landkreis Oldenburg! In einer Bekanntmachung gibt der Landkreis wertvolle Hinweise zur «Bekämpfung der Dasselfliege»: «Rinder, bei denen trotz Durchführung der sogenannten Herbstabdasselung im Frühjahr noch Dasselbeulen auftreten, sind durch den Abdassler nachdasseln zu lassen.» Da hat die Dassel wohl den Dussel gestochen.

Datenschutz

Aus einem Antragsformular des Bad Oldesloer Bauordnungsamtes: «Hinweis gemäß § 9 Abs. 2 Landesdatenschutzgesetz: Die persönlichen Angaben zum Rechtsgeschäft sind freiwillig. Ohne die persönlichen Angaben kann der Antrag jedoch nicht bearbeitet werden.» Schön, dass wir trotzdem darüber gesprochen haben.

Deliktfähigkeit

Hier geht es um die Strafbarkeit, bei der selbstverständlich zwischen Erwachsenen und Jugendlichen als Täter unterschieden wird. Unter Deliktfähigkeit verstehen die Gerichte vor allem die Fähigkeit, das Unerlaubte einer Handlung einzusehen und dann zukünftig nach dieser Einsicht zu handeln. Für die Deliktfähigkeit sind zwei Altersstufen von Bedeutung: Unmündige vor dem 14. Geburtstag sind nicht deliktfähig, Jugendliche zwischen dem 14. und dem 18. Geburtstag aber schon. Eine Einschränkung der Deliktfähigkeit kann auch beispielsweise bei Geisteskranken vorliegen.

Dienstbarkeit

Dieser Begriff erinnert an Knechte und Mägde, an Leibeigene und Fronbauern, die im finsteren Mittelalter ihrem Fürsten stets zu Diensten sein mussten. Damit ist es zwar vorbei, die Dienstbarkeit als Zwangsservice gibt es aber immer noch. Und zwar im Baurecht: Unter Dienstbarkeit versteht man ein beschränktes Nutzungsrecht an einem fremden Grundstück. Der Eigentümer ist verpflichtet, etwas zu dulden oder zu unterlassen. Häufig wird hier das Wegerecht berührt, beispielsweise durch die Mitnutzung eines Privatweges. Der Nutzer ist zu schonender Ausübung dieses Rechts verpflichtet, sollte also den Privatweg nicht beschädigen.

Dienstbarkeiten können tatsächlich ersessen werden (also durch jahrelange stillschweigende Duldung legal werden) oder infolge von Nichtausübung auch verjähren.

Dienstjubiläum

Wenn Beamte dauernd feiern und dies auch noch ständig kundtun, kann das schnell einen schlechten Eindruck hinterlassen und Vorurteile gegen die Beamtenschaft bestätigen. Diese Sorge um das Ansehen des Beamtenstandes veranlasste das Postamt Freiburg zu einem Rundschreiben: «Aus gegebenem Anlass weisen wir nochmals darauf hin, dass 25-jährige Dienstjubiläen oder Beförderungen nicht der Presse mitgeteilt werden, da es für unser Ansehen nicht förderlich ist, wenn Tag für Tag mehrere derartige Meldungen veröffentlicht werden. Hierdurch könnte nämlich bei den Lesern leicht der Eindruck entstehen, in unserem Amtsbereich wird nur noch gefeiert oder befördert, statt Dienstleistungen zu erbringen.»

Dingliches Recht

Als dingliches Recht bezeichnet man ein Recht, das eine unmittelbare Herrschaft über eine Sache gewährt (in der Regel Eigentum, Pfandrecht, Baurecht). Träger von dinglichen Rechten können natürliche oder juristische Personen, in das Firmenbuch eingetragene Rechtsträger und Vereine sein.

Drehtüren

Wegen der übergroßen Gefahren bei der täglichen Nutzung einer Drehtür im Dienst und im Dienstgebäude ist eine Behörde geradezu verpflichtet, dem Personal zur Seite zu stehen, damit die Beamten heil wieder aus der Drehtür herauskommen. Aus einem internen Rundschreiben der Frankfurter Kreditanstalt für Wiederaufbau: «Die beiden Drehtüren werden in Kürze installiert. Über deren Handhabung erfolgt eine gesonderte Mitteilung.»

Dreiseitenkipper

Vorsicht, wenn es bei der nächsten Party zum lustigen Begrifferaten kommt: Ein Dreiseitenkipper ist zwar mit Sicherheit kein Nikotinjunkie, der drei Kippen auf einmal raucht. Aber eben auch keine Schubkarre, was viele meinen, die sich bis zur Lektüre dieses erhellenden Buches nur flüchtig mit der Behördensprache befasst haben. Also: Ein Dreiseitenkipper ist nur dann ein Dreiseitenkipper, wenn es sich um einen Lkw oder einen Anhänger handelt, dessen Ladefläche nach hinten, links oder rechts abkippbar ist.

Dritter oder Dritte

In der Behördensprache, Unterabteilung Justiz, wird als Dritter oder Dritte eine Person bezeichnet, die außerhalb einer bestimmten Rechtsbeziehung (Gläubiger oder Schuldner) steht. Der Dritte oder die Dritte ist beispielsweise weder Gläubiger noch Schuldner, sondern ein Unbeteiligter. Beispiel: Durch den Zusammenstoß zweier Fahrzeuge kommen Dritte (unbeteiligte Fußgänger) zu Schaden.

AKTENNOTIZ II

Beamtendeutsch der DDR

Zwanzig Jahre nach dem Untergang der DDR geraten die absurden Wortschöpfungen des ersten Arbeiter-und-Bauern-Staates auf deutschem Boden so langsam in Vergessenheit. Zum einen auch völlig zu Recht, denn niemand braucht sie mehr. Zum anderen sind diese Ausdrücke und Beschreibungen aber eindrucksvolle Belege dafür, dass die Bürokratensprache dies- und jenseits der Grenze aufopferungsvoll gepflegt wurde.

Auf diesem Gebiet übertrumpfte der Sozialismus zeitweise tatsächlich den Klassenfeind und erreichte im Erfinden blödsinniger Wörter nahezu das angestrebte Weltniveau. Man sehe und urteile selbst:

Abkindern: Bei Eheschließungen wurde Paaren in der DDR ein zinsloser Kredit gewährt. Bei Geburt eines oder mehrerer Kinder wurde die abzuzahlende Kreditsumme entweder gemindert oder galt als getilgt. Dies richtete sich nach der Anzahl der Kinder.

antifaschistischer Schutzwall: die Mauer und die weiteren gen Westen gehenden Grenzanlagen

Bedarfsunterdeckung: Versorgungslücke

Behältnismöbel: Schrank

Broiler: Brathähnchen

Buntfernseher: Farbfernseher

Cellophantüte: Plastiktüte

Datsche: Wochenendhäuschen

Dispatcher: Organisator, Verteiler

Einraumwohnung: Einzimmerwohnung

Exquisit-Laden: Ladenkette für Kleidung und Kosmetika für gehobene Ansprüche zu entsprechenden Preisen

Feierabendheim: Seniorenheim

geflügelte Jahresendfigur: Weihnachtsengel

HO: Einzelhandelsgeschäft der staatlichen Handelsorganisation

Interhotel: Hotels der gehobenen Klasse, in denen die Gäste aus dem nichtsozialistischen Ausland gegen ihre Devisen untergebracht wurden

Kaviarbrot: Baguette

Kombinat: Konzern

Kundschafter für den Frieden: Spion

Plaste und Elaste: Plastik und Gummi

Plasteschaftstiefel: Gummistiefel

raufutterverzehrende Großvieheinheit: Kuh

Sättigungsbeilage: Bezeichnung in der Gastronomie für Kartoffeln, Reis und Nudeln

Schallplattenunterhalter: Discjockey

Straße der Besten: Flure oder Gänge, in denen die Bilder der besten Mitarbeiter des Betriebes hingen

D

Textilverbundelement: Knopf

VEB: volkseigener Betrieb

Winkelement: Fähnchen für Veranstaltungen und Demon-
strationen (= Konterrevolution)

zuständige Organe: die Polizei, die Nationale Volksarmee
und das Ministerium für Staatssicherheit

AKTENNOTIZ III

It's time for Denglisch

«Das Brainstorming mit Handout in unserer Company
wurde im letzten Moment gecancelt, weil die Cluster
fehlten.» Wer jetzt nur *railway station* verstanden hat, ist
weder *just in time* noch *up to date*. Denn das ist Denglisch,
die Vermischung von Deutsch und Englisch und nach dem
Behördenkauderwelsch der nächste Anschlag auf die Verständlichkeit der Sprache.

Durch die Globalisierung wird der Gebrauch von Denglisch zweifellos noch zunehmen. *Coffee to go* versteht
man eben überall auf der Welt. Ob da die Verankerung
von Deutsch im Grundgesetz noch helfen kann, dem Trend
(übrigens ebenfalls Denglisch, besser wäre «Entwicklung») Einhalt zu gebieten? Dieser Rettungsversuch wurde
vor einiger Zeit überraschend auf einem Bundesparteitag
der CDU beschlossen. Verfassungsrang für die deutsche
Sprache, Artikel 22 des Grundgesetzes, würde dann lauten:
«Die Sprache der Bundesrepublik ist Deutsch.» Bis zur Änderung des Grundgesetzes ist es ein weiter Weg, bis dahin

58

ist diese Forderung vermutlich schon längst im politischen Alltagsgeschäft vergessen.

Sofortmaßnahmen zur Eindämmung von Denglisch fordert seit einigen Jahren die Aktion «Deutschpflicht für Politiker», ausgerufen von der Zeitschrift *Deutsche Sprachwelt*. Die Idee: In ihren eigenen Reden und Briefen könnten die Politiker ja schon mal ab sofort auf englische Begriffe verzichten und stattdessen verständlich und bürgernah schreiben und reden. Man spricht deutsch – der Abgeordnete als echtes Vorbild. Doch eine erste Bilanz der Aktion fiel mau aus. Nur 18 der 598 Bundestagsabgeordneten gehörten zu den Erstunterzeichnern des Appells. Die große Mehrheit der Abgeordneten musste sich von der Zeitschrift als «bekennende Sprachpanscher unter der Reichstagskuppel» bezeichnen lassen.

Schon einige Jahre zuvor hatte übrigens die damals rot-grüne Bundesregierung an Radiosender appelliert, bei der gespielten Musik eine Deutschquote von 35 Prozent zu berücksichtigen. Zum Vergleich: In Frankreich und in der kanadischen Provinz Québec (in der anders als im Rest des Landes Französisch einzige Amtssprache ist) gibt es eine gesetzliche Quote für 40 Prozent Franco-Pop. Doch wie ernst sind derartige Bemühungen, Denglisch im Sprachgebrauch einzudämmen, überhaupt gemeint? Schon 2004 hatte der Bayerische Landtag einstimmig einen Antrag der CSU zur «Vermeidung fremdsprachlicher Begriffe» angenommen. Die Staatsregierung wird darin aufgefordert, in allen «Verlautbarungen, Vorschriften und Schreiben» fremdsprachliche Begriffe auf ein Mindestmaß zu beschränken. Doch ungeachtet der Drucksache 15/1046 entstanden kuriose Wortschöpfungen der beteiligten Politiker, wie die folgenden Beispiele eindrucksvoll illustrieren.

So nannte Ministerpräsident Edmund Stoiber (siehe auch «Ede, der Behördenschreck») sein Wahlkampfteam «Headquarter». Nach Protesten wurde daraus das «Team 40 Plus».

Die Wahlkampfveranstaltungen der CSU liefen unter dem Slogan «Meet and Greet». Die Junge Union wollte da nicht im sprachlichen Abseits stehen und warb mit «Kick it like Beckstein».

Auch das bayerische Sozialministerium ließ sich in der Folgezeit einiges einfallen, um den einstimmigen Beschluss des Landtages bloß nicht umzusetzen. Die Kampagnen des Ministeriums hießen: «Fit for Work», «Girls Day» (beliebt auch in anderen Bundesländern), «Equal Pay Day» oder «getAzubi».

Das schönste Eigentor schoss allerdings die Drogenbeauftragte der Bundesregierung, Sabine Bätzing (SPD). Ihre Antialkoholkampagne für Jugendliche hatte den Slogan: «Don't Drink Too Much – Stay Gold». Schlimmer geht's nimmer – denn hier paarte sich Denglisch auch noch mit einer Werbeempfehlung von «Becks Gold», einer gerade unter Jugendlichen beliebten Biersorte.

Und wie hieß die neue Werbekampagne der Stadt Berlin? «Be Berlin». Sollte da etwa nur der englisch sprechende Bevölkerungsanteil der Hauptstadt erreicht werden, oder ging es mal wieder ums internationale Flair?

Seit Jahren bemüht sich auch der Verein für deutsche Sprache um die Eindämmung von Denglisch. Für viele

englische Wörter sind nach Ansicht des Vereins durchaus treffendere deutsche Ausdrücke zu finden.
Hier einige Beispiele:

Access: Zugriff
Airbag: Prallkissen
all you can eat: essen nach Ermessen
Anti-Aging: Verjüngung

Back-up: Sicherungskopie
Bar: Nachtgaststätte
Blackout: Aussetzer
Blockbuster: Straßenfeger
Bodyguard: Beschützer
Börsencrash: Börsenzusammenbruch
Brainstorming: Denkrunde
briefen: einweisen, instruieren
Break: Pause
Browser: Zugangsprogramm für das Netz
Business: Betrieb, Firma, Geschäft
Button: Knopf, Taste

Call-Center: Anrufcenter
canceln: abbestellen, stornieren
Card: Karte, Ausweis
Counter: Schalter
Cursor: Blinker

Deadline: Termin
Display: Sichtfeld

downloaden: herunterladen

E-Commerce: Netzhandel
Enter: Eingabe
Equipment: Ausrüstung
Event: Ereignis, Veranstaltung

Factory-Outlet: Werksverkauf
Fast Food: Schnellkost
Fundraising: Spendenaktion, Einwerben von Fonds

Give-away: Werbegeschenk
Global Player: Globalunternehmer, Weltakteur, Welt-
konzern, Weltunternehmen

Handout: Informationsunterlage, Aushändigung
Happy Hour: blaue Stunde
Highlight: Glanzlicht, Höhepunkt
Homepage: Startseite, Hauptseite

in: aktuell, modern, modisch

Jackpot: Glückstopf
just in time: termingerecht

Link: Verweis, Verknüpfung
live: direkt
Livesendung: Direktübertragung

Mail: Post

Meeting: Besprechung
Meeting Point: Treffpunkt
mobben: schikanieren

Network: Netzwerk
Newsletter: Infobrief
No-go-Area: Meidezone
Nordic Walking: Sportwandern

Park and Ride: Parken und Reisen
Performance: Leistung
Pole-Position: Startplatz eins
Power: Energie, Leistung
powered by: unterstützt von
Prepaid Card: Guthabenkarte, Wertkarte
Public Viewing: Fußballkino

Recorder: Aufnehmer, Aufnahmegerät
Run (im Sinne von Ansturm): Andrang, Zulauf

scannen: einlesen
Service-Point: Auskunft
Shareholder-Value: Aktionärsnutzen
Slogan: Spruch
Stalker: Nachsteller

Ticket-Counter: Fahrkartenschalter
Timing: (Zeit-)Abstimmung, Zeiteinteilung, Zeitplan

User: Benutzer

Website: Netzauftritt
Workshop: Arbeitsseminar

Doch vielleicht ist es auch schon zu spät. Längst nicht jede Übersetzung würde sich heute wohl noch durchsetzen können – schon gar nicht diese hier:

Bandleader: Kapellmeister
Headset: (tragbare) Freisprecheinrichtung, Freisprecher, Hörsprecher
Ladykiller: Frauenheld, Schürzenjäger
Laptop: Klapprechner, Mobilrechner
Pull-down-Menü: Klappmenü
Rumpsteak: Rumpfstück, Rinderlende
Wellness: Wohlgefühl, Erholung

E

Eheähnliche Bedarfsgemeinschaft

Die Einführung von Hartz IV und Arbeitslosengeld II sollte den Sozialstaat schlanker machen, vieles sollte einfacher werden. Die Sprache in den Anträgen ist es leider nicht geworden.

So dürfte die «eheähnliche Bedarfsgemeinschaft» bei den Antragstellern für langanhaltendes Rätselraten sorgen. Was ist denn eheähnlich? Wenn sie seine Socken wäscht? Wenn er ständig bei ihr übernachtet? Hilft der *Leitfaden für ALG II* da weiter? «Zur Bedarfsgemeinschaft gehören (...) eine Person, die mit dem erwerbsfähigen Hilfsbedürftigen in einem gemeinsamen Haushalt so zusammenlebt, dass nach verständiger Würdigung der wechselseitige Wille anzunehmen ist, Verantwortung füreinander zu tragen und füreinander einzustehen.» Man könnte es auch «Partner, die zusammenleben», nennen. Aber warum einfach, wenn's auch kompliziert geht?

In den Anträgen auf ALG II taucht ein weiterer merkwürdiger Begriff auf: «Einkommensüberhang». Wer davon betroffen ist, hat Pech gehabt: Das Einkommen ist selbst ohne Arbeit (zum Beispiel durch Mieteinnahmen) zu hoch für eine Unterstützung. Auch die «unerlaubte Ortsabwesenheit» kann Folgen haben: Wenn der Antragsteller seinen Sachbearbeiter etwa über eine Urlaubsreise nicht vorab informiert, ist das ein ausreichender Grund, dass ihm die Unterstützung gekürzt oder gestrichen wird. Für die Auskunftserteilung ist die Zustimmung des Antragstellers notwendig.

Bei einer Neuanmeldung dürfen «die Meldedaten von der Meldebehörde übermittelt werden an die bisher zuständige Meldebehörde und die für weitere Wohnungen zuständigen Meldebehörden (…) und an öffentlichen Stellen zur rechtmäßigen Aufgabenerfüllung». Übersetzt: Die Daten werden an Polizei, GEZ und andere Behörden weitergegeben. Dies könnte theoretisch durch eine «Übermittlungssperre» verhindert werden, die man ebenfalls beantragen kann. Dann dürfen die Adressdaten nicht herausgerückt werden. Aber: «Persönliche Angaben zum Antrag sind freiwillig. Allerdings kann der Antrag ohne persönliche Angaben nicht weiterbearbeitet werden.»

Ehefähigkeitszeugnis
Ein Ehefähigkeitszeugnis ist die Bestätigung der Ehefähigkeit durch das Jugendamt. Dabei geht es nicht etwa um die Bindungs- oder Fortpflanzungsfähigkeit des Brautpaares oder den Geisteszustand von Mann und Frau vor und nach der Eheschließung. Hier geht es vielmehr um das Alter von Braut und Bräutigam: Die Ehemündigkeit besteht ab dem 16. Lebensjahr, allerdings müssen dann die Eltern oder andere Erziehungsberechtigte zustimmen, und der Partner muss das 18. Lebensjahr vollendet haben.

Ehefrauen
Ehefrauen, die zufälligerweise im Besitz einer geladenen Waffe sind, sollten auch nach einem besonders heftigen Streit von einem finalen Fangschuss auf den Ehegatten absehen. Denn das *Verbandsblatt des Bayerischen Einzelhandels* teilt in diesem Zusammenhang mit: «Ehefrauen, die ihren Mann erschießen, haben nach einer Entscheidung des Bundessozialgerichtes keinen Anspruch auf Witwenrente.»

Und das Bundesverfassungsgericht fasste folgenden Beschluss: «Aus dem grundlegenden Schutz von Ehe und Familie folgt kein Recht auf Beendigung der ehelichen Gemeinschaft durch Suizid eines Ehepartners.» Damit stellt sich das Bundesverfassungsgericht über den lieben Gott. Von wegen: bis dass der Tod euch scheidet. Ganz unabhängig von einer eventuellen Beurteilung durch das Jüngste Gericht geht das höchste deutsche irdische Gericht mit diesem Kammerbeschluss von einer wirklich ewigen Partnerschaft aus, der sich weder Mann noch Frau durch Selbstmord entziehen können.

Ehelichkeitsanfechtungsklage

Die Länge dieses Wortes steht in einem gesunden Verhältnis zu dem Schlamassel, der sich dahinter verbirgt. Es geht um den Zweifel an der Vaterschaft bei einem Kind, das während einer Ehe zur Welt kommt. Will ein Ehemann die Ehelichkeit eines Kindes anfechten, so muss er vor Gericht die genauen Umstände vortragen und auch ausreichend begründen, in der Regel durch ein Vaterschaftsgutachten. Die Ehelichkeit eines Kindes kann für Erb- und Umgangsrecht Folgen haben.

Ehename

Aus dem Beschluss des Bundesrates zur «Allgemeinen Verwaltungsvorschrift zum Gesetz über die Änderung von Familiennamen und Vornamen»: «Mit der Änderung des Ehenamens kann auf Antrag des Ehegatten, dessen Geburtsname Ehename ist, auch die gleiche Änderung seines Geburtsnamens verbunden werden. Dies gilt nicht, wenn der Ehename in den Geburtsnamen des Ehegatten geändert wird, dessen Name nicht Ehename ist.»

Ehescheidung

Wann ist eine Ehe am Ende? Wann bleibt wirklich nur noch die Scheidung, weil es mit der Versöhnung nicht mehr klappt? § 1565 des Bürgerlichen Gesetzbuches hilft hier entscheidend weiter: «Eine Ehe kann geschieden werden, wenn sie gescheitert ist.»

Einantwortung

Als Einantwortung wird die gerichtliche Übergabe des Nachlasses eines Verstorbenen in den rechtlichen Besitz des Erben oder der Erbin verstanden. Nach Beendigung des Hinterlassenschaftsverfahrens wird ein Einantwortungsbeschluss ausgestellt. Darin wird festgehalten, wer zu welcher Quote Erbe oder Erbin ist.

Einfriedungen

Das klingt nach Frieden und Friedhof. Zudem unterscheidet der Gesetzgeber hier auch zwischen lebendigen Einfriedungen und nicht lebendigen Einfriedungen, wie in einem Bebauungsplan für Dossenheim im Rhein-Neckar-Kreis: «Einfriedungen entlang den öffentlichen Verkehrsflächen sind nur in lebendiger Form zulässig. Tote Einfriedungen werden nur in Verbindung mit lebendigen Einfriedungen gestattet.» Übersetzung aus dem Behördendeutsch: Die nicht lebendige Einfriedung ist ein Zaun, die lebendige eine Hecke. Auf dem Friedhof in Dossenheim ist also nur eine Hecke zulässig. Ein Zaun ist nur dann erlaubt, wenn er die Hecken miteinander verbindet. Dem Wortsinn nach hätte eine tote Einfriedung selbstverständlich besser zu einem Friedhof gepasst, aber darum geht es bei einer Behörde ja nicht.

Eingeschränkter Lichtraum

Das könnte zu einer richtig guten Ausrede nach dem nächsten Unfall werden: Der Lichtraum sei leider überraschend eingeschränkt gewesen, deshalb habe man kaum noch etwas sehen können. Damit das nicht zu oft passiert, haben die Verkehrsplaner vorgebeugt: durch das Verkehrszeichen «Eingeschränkter Lichtraum». Die Schilder sollen auch dort stehen, wo Äste auf die Straße ragen. Woran die Behörden alles denken! Danke jedenfalls auch für diese Wortschöpfung, die leider mal wieder keiner versteht.

Einheitswert

Mit dem Einheitswert müssen sich vor allem Unternehmen herumschlagen. Das ist der steuerliche Wert des land- und forstwirtschaftlichen sowie des sonstigen Grundvermögens und der zum Betriebsvermögen gehörigen Grundstücke. Er wird als einheitliche Besteuerungsgrundlage vor allem für die Grundsteuer, Grunderwerbssteuer, Erbschafts- und Schenkungssteuer herangezogen. Ebenso dient er als Grundlage für weitere Abgaben und Beiträge wie die für die Sozialversicherung.

Einkommen

Die Steuererklärung sollte auf einen Bierdeckel passen. Mit dieser Forderung hat sich vor Jahren der CDU-Politiker Friedrich Merz verbal um alle Steuerzahler verdient gemacht und wird immer noch gern und häufig zitiert. In der Praxis allerdings änderte sich bekanntlich nichts. Nicht einmal ein einziger Paragraph des Einkommensteuergesetzes würde auf einen Bierdeckel passen. Hier zum Beispiel die von 1990 an geltende Fassung des § 34 Abs. 3 des Einkommensteuergesetzes: «Die Einkommensteuer auf Einkünfte, die die Vergütung für eine mehrjährige Tätigkeit sind, beträgt das Dreifache des Unterschiedsbetrages zwischen der Einkommensteuer für das um diese Einkünfte vermindert zu versteuernde Einkommen (verbleibendes zu versteuerndes Einkommen) und der Einkommensteuer für das verbleibende zu versteuernde Einkommen zuzüglich eines Drittels dieser Einkünfte.»

Einkommensbereinigung

Frage an das Finanzamt: Kann man sein Einkommen, fest oder unregelmäßig, auch verschmutzen? Etwa durch dubiose Spenden, Schwarzgeldkassen oder Geldanlagen in Liechtenstein? Antwort: Nein, kann man nicht. Eine Bereinigung dagegen ist mit dem nächsten Lohnsteuerjahresausgleich oder einer Einkommensteuererklärung problemlos möglich. Es geht um die Absetzbarkeit von Fahrtkosten, Werbungskostenpauschalen, Altersvorsorge nach Riester-Art, Versicherungen, Beiträgen für die Sterbegeldkasse und vieles, vieles mehr. Im Idealfall wird so viel bereinigt, dass am Ende von der Steuerschuld nichts mehr übrig bleibt.

Einreisetitel

Einige Begriffe aus dem Behördendeutsch sind selbst den Behörden mittlerweile suspekt, weil sie noch aus dem Kaiserreich stammen und auch so klingen: Einreisetitel steht für Visum.

Einspruch

Allgemein bedeutet «Einspruch» Einwand, Widerspruch und Protest gegen etwas. In der Amtssprache ist damit die Einlegung eines Rechtsmittels gemeint.

Einverleibung

Einverleibung ist ein Fachausdruck des Grundbuchrechts und meint Rechtserwerb bzw. Rechtsverlust. Ein bestimmtes Recht geht ohne weitere Bedingungen auf eine Person über. Beispiel: Jemand erwirbt Rechte an einer Liegenschaft dadurch, dass er oder sie im Grundbuch eingetragen wird. Das hätte man allerdings auch einfacher ausdrücken können.

Elektrosmog im Krankenhaus

Die Regulierung von Grenzwerten für Elektrosmog am Arbeitsplatz macht sicherlich Sinn. Doch die entsprechende EU-Richtlinie aus dem Jahr 2004 schreibt so strenge Grenzwerte vor, dass die meisten Radiologen eigentlich sofort schließen müssten. Die «Mindestvorschriften zum Schutz von Sicherheit und Gesundheit der Arbeitnehmer vor der Gefährdung durch physikalische Einwirkungen elektromagnetischer Felder» richteten sich ursprünglich an die Mitarbeiter von Hochspannungseinrichtungen oder Elektrostahlwerken.

Doch die Richtlinie gilt auch für das Personal, das beim Radiologen mit der Magnetresonanztomographie zu tun hat. Die Folgen: Schon während der Vorbereitung der Untersuchung darf sich das Personal eines Krankenhauses dem Gerät nicht mehr nähern. Die zulässigen Grenzwerte werden ansonsten bereits überschritten. Eine Ausnahmegenehmigung wurde zunächst von der EU-Kommission abgelehnt. Offenbar wird die Einhaltung der Richtlinie aber nicht streng kontrolliert, denn sonst käme es im Krankenhaus zum Stillstand.

Enthaftung

Die Enthaftung ist die Freilassung eines Gefangenen oder einer Gefangenen aus der Haft.

Ermächtigung

Eine Ermächtigung berechtigt eine Person, für eine andere zu handeln, die ihr zum Beispiel eine Vollmacht erteilt hat. Die ermächtigte Person ist jedoch nicht zum Handeln verpflichtet.

Erschließung

Ein zu bebauendes Grundstück muss erschlossen sein, ansonsten heißt es, dass es nicht bebaubar ist. Die Erschließung eines Grundstücks ist gesichert, wenn es mit dem öffentlichen Straßennetz verbunden ist und Zugänge zu Strom, Wasser und Abwasser hat. Einige Gemeinden bestehen in ihren Bauordnungen auf die Trennung von Regen- und Abwasser. Die Erschließung selbst ist Aufgabe der Gemeinden, sie muss jedoch wie immer vom Bürger bezahlt werden.

Ersitzung

Unter Ersitzung wird der Erwerb eines Rechts (Eigentum, Wasser- oder Fischereirecht) durch dessen jahrelanges (30 bzw. 40 Jahre) ungehindertes Ausüben in gutem Glauben bezeichnet. Wer es also schafft, sich mindestens 30 Jahre dumm zu stellen, hat hier beste Chancen.

Erwerbsobliegenheit

Vor Unterhaltszahlungen soll sich kein Vater bzw. keine Mutter dadurch drücken können, dass er bzw. sie einfach nicht mehr arbeitet und kein Geld verdient. Das Unterhaltsrecht schreibt deshalb die Erwerbsobliegenheit vor, die vorsieht, dass alle Möglichkeiten zum Geldverdienen ausgenutzt werden müssen. Es obliegt beiden Partnern, sich um eine zumutbare Arbeit zu bemühen. Allerdings ist die Erfüllung nicht einklagbar – deswegen ist die Rede von Obliegenheit. Bei einer Verletzung der Erwerbsobliegenheit droht aber vor Gericht die Anrechnung fiktiver Einkünfte – also der Summe, die man/frau verdienen würde, wenn er oder sie denn arbeiten würde.

E

Europäischer Feuerwaffenpass

Der Europäische Feuerwaffenpass berechtigt dazu, Schusswaffen in einen anderen Mitgliedsstaat der Europäischen Union mitzunehmen. Damit ist jedoch nicht Erwerb oder Besitz gemeint. Der Feuerwaffenpass wird von der Bezirksverwaltungsbehörde ausgestellt. Zusätzlich muss die Ein- oder die Durchfuhr von Waffen von der Behörde des anderen EU-Mitgliedsstaates bewilligt werden. Voraussetzung hierfür ist eine nationale Waffenbesitzkarte.

Evidenzgemeinde

Damit müssen sich nur die Österreicher herumquälen: Hier sind die Gemeinden verpflichtet, ein ständiges Verzeichnis der österreichischen Staatsbürger und Staatsbürgerinnen zu führen. Dieses Verzeichnis wird Staatsbürgerschaftsevidenz genannt.

Die jeweils für eine Person zuständige Evidenzgemeinde hängt vom Geburtsdatum ab: Für Personen, die vor dem 1. Juli 1966 in Österreich geboren sind, ist die Geburtsgemeinde zuständig. Für nach diesem Datum Geborene ist die Gemeinde verantwortlich, in der die Mutter zum Zeitpunkt der Geburt wohnte. Lag der Wohnort der Mutter im

Ausland, gilt wiederum die Geburtsgemeinde als zuständige Evidenzgemeinde.

AKTENNOTIZ IV

Ede, der Behördenschreck

Die Eindämmung der Bürokratie und der Abbau von Vorschriften war für ihn eigener Einschätzung zufolge schon immer eine politische Herzensangelegenheit: «Dann hätte man für Deutschland eine Regelung, hätte keine regellose Regelung, und die Länder, die, die das nicht regeln wollen, die haben dann eine Bundesregelung, und die Länder, die das regeln wollen, können das dann für sich regeln.»

Dieses verbale Feuerwerk stammt, man ahnt es schon, von Edmund Stoiber, als er noch Ministerpräsident in Bayern und auch noch Vorsitzender der CSU war. Später wurde er Kanzlerkandidat, noch später Kandidat für das Amt des Bundespräsidenten und des EU-Kommissars. Jetzt ist Edmund Stoiber der oberste Bürokratiebekämpfer in Brüssel, von der EU-Kommission berufen, aber nicht bezahlt. Ein Ehrenamt – und das nach 14 Jahren Ministerpräsident!

«Man hätte dafür keinen Besseren finden können», freute sich die CSU über den Wechsel vom politischen Zwangsruhestand ins unbezahlte Ehrenamt. Eine versteckte Gemeinheit der Parteifreunde? «Die größten Kritiker der Elche waren früher selber welche», riefen seine Gegner mit F. W. Bernstein. Stoiber wollte ihnen in nichts nachstehen und versuchte ebenfalls, Weisheiten vom Stapel zu lassen: «Der Bürokratieirrsinn ist doch der Hauptgrund, warum viele Bürger vor allem in Deutschland noch immer starke Vorbehalte gegen Europa haben.»

Schön, dass das mal einer erkannt und ausgesprochen hat. Aber wie ging es nach der Berufung von Edmund Stoiber weiter? Wann würde der neue Behördenschreck zum ersten Mal zuschlagen? Für die Entbürokratisierung wurde eine «High Level Expert Group» eingerichtet, für die sich Stoiber nur drei Mitglieder selbst aussuchen durfte, die anderen stellten Verbände und Organisationen aus den 27 Mitgliedsstaaten. Diese Expertengruppe trifft sich ein- bis höchstens zweimal im Monat. Nur dann fliegt Stoiber aus München an, wo sich auch sein Büro mit zwei Mitarbeitern und einer Sekretärin befindet. Auf die 24 000 EU-Beamten macht diese Ausstattung sicherlich wenig Eindruck.

Eigene Ideen darf die High Level Expert Group nur dann vorbringen, wenn die Kommission sie dazu ermächtigt; ansonsten geht es ausschließlich um die Bewertung der Vorschläge, die direkt von der EU-Kommission kommen. Die Antibürokraten um Edmund Stoiber befassen sich nur mit bestehenden Gesetzen, nicht aber mit neuen Vorschriften. Nach den ersten Monaten lautete sein Fazit zum Abbau der Bürokratie so: «außerordentlich kompliziert, mühsam und sehr schwer». Konkret wurde keine einzige Vorschrift oder Verordnung abgeschafft. Kein Wunder: Selbst wenn sich das 15-köpfige Expertengremium einig wäre, eine bestimmte Vorschrift zu streichen, müssten auch noch das Parlament der EU und die Parlamente und Regierungen der 27 Mitgliedsstaaten zustimmen.

Edmund Stoiber, der die Behörden und Bürokraten nicht einen Tag lang erschrecken konnte, beschreibt das Dilemma so: «Wer sicher sein will, dass der Gürtel hält, trägt vielleicht zusätzlich noch Hosenträger. Wem jetzt das Risiko immer noch zu groß ist, dass auch die Hosenträger reißen, der könnte noch das Hemd und die Hose mit Reißzwecken verbinden.» Und in der EU werde oft nach genau diesem Reißzweckenprinzip verfahren.

Ein Machtpolitiker wie Edmund Stoiber wird vor Ablauf seiner Dienstzeit sicherlich nicht aufgeben. Da geht es nicht um Diäten und Versorgung, sondern um das eigene Ansehen und die Befürchtung, in die Vergessenheit der Geschichte zu rutschen. Also: weitermachen, auch wenn es nichts bringt.

Und der Verwaltungsdschungel wird sogar noch weiter wachsen. Die Regierungschefs der EU haben beschlossen, dass künftig jedes Mitgliedsland der EU einen Kommissar stellen soll. So werden bald insgesamt 30 Kommissare der EU in Amt und Würden sein, vereint durch den Ehrgeiz, neue Gesetze zu erlassen.

In Vergessenheit geraten wird Edmund Stoiber dennoch nicht. Unabhängig von seinem Scheitern als Behördenschreck hat er sich zweifellos um die deutsche Sprache verdient gemacht, wie die folgende Sammlung aus seiner politischen Schaffenszeit eindrucksvoll belegt.

Zum Thema Familienplanung: «Wenn heute eine Familie ein Kind bekommt, eine Frau mit ihrem Mann oder umgekehrt, wenn ein Kind, wenn ein Kind zur Familie kommt ...»

Über seine Frau Karin: «An meiner Frau schätze ich ... äh ... ja gut ... äh ... die ... hm ... die Attraktivität, die sie

*über all die Jahre behalten hat ... äh ... und ... äh ... die
absolute ... äh ... ja, Familienorientiertheit.»*

*Die Transrapid-Rede : «Schauen Sie sich mal die großen
Flughäfen an. Wenn Sie in Heathrow in London oder
sonstwo, bei Charles de Gaulle in ... äh ... Frankreich
oder in Rom, wenn Sie sich mal die Entfernung ansehen,
wenn Sie Frankfurt sich ansehen, dann werden Sie feststellen, dass zehn Minuten Sie jederzeit locker in Frankfurt
brauchen, um Ihr Gate zu finden. Wenn Sie vom Flug ... äh
... vom Hauptbahnhof starten ... Sie steigen in den Hauptbahnhof ein, Sie fahren mit dem Transrapid in zehn Minuten
an den Flughafen Franz Josef Strauß, dann starten Sie
praktisch hier am Hauptbahnhof in München. Das bedeutet
natürlich, dass der Hauptbahnhof im Grunde genommen
näher an Bayern, an die bayerischen Städte heranwächst,
weil das ja klar ist!»*

*Zum Besuch von Bundeskanzlerin Angela Merkel beim
damaligen US-Präsidenten George W. Bush: «Ich habe
es für wohltuend empfunden, dass die Bundeskanzlerin
gegenüber dem amerikanischen Präsidenten Breschnew
Guantánamo kritisiert hat und nicht mit dem Rechtsstaat in
Übereinklang beurteilt hat ...»*

*Der Problembär: «Äh, natürlich freuen wir uns, das ist gar
keine Frage, freuen wir uns, und die Reaktion war völlig
richtig, einen ... äh ... sich normal verhaltenden Bär in
Bayern zu haben. Äh ja, das ist gar net zum Lachen. Äh ...
und der Bär, ein Normalfall, ich muss mich ja auch, äh ...
wie ... auch Werner Schnappauf hat sich natürlich hier ...
äh ... intensiv ... äh ... mit ... äh ... sogenannten Experten
austauschen, austauschen ... äh ... müssen. Nun haben*

wir ... äh ... der normal verhaltende Bär lebt im Wald, geht niemals ... äh ... raus und ... äh ... reißt vielleicht ... äh ... ein bis zwei Schafe im Jahr. Äh. Wir haben dann eine Unterschied zwischen dem normalen Bären, dem Schadbär, und dem, äh, Problembär. Und ... äh ... es ist ganz klar, dass ... äh ... dieser Bär ... äh ... ein Problembär ist und ... äh ... es ist im Übrigen auch auch ... äh ... im Grunde genommen ... äh ... durchaus ... äh ... ein gewisses Glück gewesen. Der hat um ein Uhr nachts ... äh ... praktisch ... äh ... diese Hühner gerissen. Und ... äh ... Gott sei Dank war in dem Haus ... äh ... war also jedenfalls ist ... äh ... das nicht bemerkt worden. Äh, stellen Sie sich mal vor ... äh ... der war ja mittendrin, stellen Sie sich mal vor ... äh ... die Leute wären raus und wären praktisch jetzt ... äh ... dem Bären ... äh ... praktisch begegnet ... äh ... Was da hätte passieren können.»

Der christsoziale Anfeuerungsversuch: «Es muss zu schaffen sein, meine Damen und Herren, wenn ich die CDU anseh, die Repräsentanten dieser Partei, an der Spitze, in den Ländern, in den Kommunen, dann bedarf es nur noch eines kleinen Sprühens, sozusagen, in die gludernde Lot, in die gludernde Glut, dass wir das schaffen können. Und deswegen, in die lodernde Flut, wenn ich das sagen darf ...»

Fahrtrichtungsanzeiger

Man ahnt es wohl, was das bedeutet. Aber erstaunlich ist es schon, wie lange sich in der Sprache der Bürokraten Beschreibungen für Gegenstände halten, die es schon gar nicht mehr gibt. Die ersten Automobile, die hatten noch Fahrtrichtungsanzeiger, die beim Abbiegen herausklappten. Heutzutage verfügen 99,99 Prozent aller zugelassenen Fahrzeuge und Anhänger über Blinker. Doch bis zur Erwähnung in der Straßenverkehrsordnung hat es immer noch nicht gereicht. Dort hält sich der Bürokrat unverdrossen am Fahrtrichtungsanzeiger fest.

Farbstifte

Farbstift ist in einer Behörde nicht gleich Farbstift. Im Bundesverteidigungsministerium sind Farbstifte wichtige Instrumente zur Einhaltung der Kompetenzen. Deshalb gibt es in der Truppe nicht nur Sterne und Streifen auf Schultern und Ärmeln; damit auch bei der Kommunikation in schriftlicher Form der angemessene Respekt herrscht, wurden den einzelnen Abteilungen Farben zugeteilt.

So darf der Bundesminister der Verteidigung seine Dokumente mit hoffnungsvollem Grün abzeichnen. Die gleiche Ehre besitzen die Präsidenten des Bundeswehrverwaltungsamtes (BWVA) und der Wehrbereichsverwaltung (WBV) sowie die Behördenleiter des Kreiswehrersatzamtes (KWEA) und der Standortverwaltung (StOV). Eine Stufe darunter wird es dann schon etwas aggressiver in der Farbwahl: Parlamentarische und beamtete Staatssekretäre des

Bundesverteidigungsministeriums sowie die Vizepräsidenten des BWVA und WBV greifen zum Rotstift. Sollte der Behördenleiter der Standortverwaltung abwesend sein, darf auch sein Stellvertreter mit Rot schreiben.

Der Generalinspekteur ist etwas sensibler und greift zum violetten Farbstift – und leitet somit geschickt zu den Abteilungsleitern und Inspekteuren der BWVA und WBV über, die mit einem kräftigen Blau unterzeichnen. Dies gilt auch für die Abschnittsleiter des Wehrbereichskommandos (WBK) sowie die Fachgebietsleiter der KWEA und die Sachgebietsleiter und Leiter von Außenstellen der StOV.

Wer hätte Farbstiften solch große Bedeutung zugetraut und beigemessen? Ungeregelt ist dagegen noch, ob die aufgeführten Personen beim Griff zum Farbstift Haltung annehmen müssen.

Fehler

Gesetze und Verordnungen werden erst geschrieben, dann beraten und diskutiert, dann wieder verändert und neu geschrieben und ganz am Ende verabschiedet oder erlassen. Was aber, wenn sich ein Fehler eingeschlichen hat, den niemand beim Gegenlesen und bei den Beratungen entdeckt hat, ein wirklicher Fehler, keine Auslegungssache? Das passiert offenbar selten, jedenfalls wird es selten publik.

Der nachfolgende Fall jedoch ist dokumentiert: Ausgerechnet beim Verfassen der Bodensee-Schifffahrts-Ordnung durch das Bundesverkehrsministerium wurde «Fahrzeug» mit «Feuerzeug» verwechselt. Ein blöder Fehler, denn so machte die Verordnung wenig Sinn. Wer will schon mit einem Feuerzeug den Bodensee überqueren?

Oder war es doch nur ein Druckfehler, der erst ganz am Ende auftauchte, bei der Veröffentlichung im Bundesgesetzblatt? So muss es gewesen sein, denn sonst würde das ja bedeuten, dass manche Beamten ihre eigenen Verordnungen nicht durchlesen. Der Schreibfehler wurde immerhin innerhalb eines Jahres korrigiert.

Vorher stand im Gesetz des Bundesministers für Verkehr über die Schifffahrt auf dem Bodensee (Bodensee-Schifffahrts-Ordnung) Folgendes zu lesen: «§2. In dieser Verordnung gilt als ‹Fahrzeug mit Maschinenantrieb›: ‹ein Feuerzeug mit eigener in Tätigkeit gesetzter Antriebskraft›.» Später hieß es: «Auf Grund des §2 Abs.6 des Bundesgesetzes über das Bundesgesetzblatt 1972, BGBl Nr. 293, wird kundgemacht: Die Bodensee-Schifffahrts-Ordnung, BGBl Nr. 92/1976 wird wie folgt berichtigt: Im §2 hat es statt ‹Feuerzeug› richtig ‹Fahrzeug› zu lauten.»

Ein Jahr nach dieser peinlichen Panne stellte der Bundestag in der Drucksache 13/7749 vom 23. Mai 1997 noch einmal klar, dass der Gesetzgeber keine Garantie für die eigenen Gesetze übernimmt: «Eine Garantie für die Richtigkeit und Vollständigkeit der Texte von Bundestagsdrucksachen kann nicht übernommen werden. Maßgebend ist die Papierform der Drucksachen.» Und überhaupt – manchmal gelten Gesetze sowieso nicht: «Es kann aus zwingenden Gründen geboten sein, gesetzes- oder verfassungswidrige Vorschriften einer Satzung – vergleichbar der Situation bei verfassungswidrigen Gesetzen – ausnahmenweise weiter anzuwenden» (Bundessozialgericht, Urteil AZ B2 U36/06R).

Fernmündlich

Fernmündliche Auskünfte, schriftliche Eingaben – leider ist die Beamtensprache nicht auf dem letzten Stand der Technik. Fernmündlich heißt telefonisch, daran hat sich seit 50 Jahren nichts geändert. Aber wie soll sich der Beamte ausdrücken, wenn der Bürger eine E-Mail geschrieben hat? Hat der dann fernelektronisch den Kontakt aufgenommen? Oder elektropostalisch? Oder hat er emailliert?

Feuerzeugverordnung

Für jedes Feuerzeug, das neu auf den gemeinsamen Markt kommt, wird von der EU eine Prüfgruppe vorgeschrieben. Die Gruppe muss aus einhundert Kindern bestehen, die nicht älter als 51 Monate sein dürfen und zu einem zentralen Prüfort reisen müssen.

Bei der Zulassungsprüfung von neuen Feuerzeugen ist die beaufsichtigte Teilnahme von mindestens zwei Kindern erforderlich, schreibt die Feuerzeugverordnung der EU vor.

Folgenbeseitigungsanspruch

Das kann ja mal vorkommen: Durch die Maßnahme einer Behörde ist für einen Bürger Schaden entstanden. Das Amt hat sich vertan – und nun? Durch den Folgenbeseitigungsanspruch ist die verantwortliche Behörde verpflichtet, den Schaden zu beseitigen und den ursprünglichen Zustand wiederherzustellen. Allerdings nur, wenn nachweislich geschützte Rechte des Bürgers beeinträchtigt wurden und die Behebung seitens der Behörde möglich und zumutbar ist. Im Ernstfall bedeuten diese Voraussetzungen einen langen Prozess vor Gericht.

Formgebrechen

Antrag falsch ausgefüllt? Unterschrift vergessen? Derartige Pannen werden im Behördendeutsch Formgebrechen genannt. Der Ärger darüber kann sich aber durchaus in

Grenzen halten, denn die Behörden sind per Gesetz zur Nachsicht mit dem überforderten Bürger angehalten. Beim «Verkehr zwischen Behörden und Beteiligten» schreibt §13 des Allgemeinen Verwaltungsverfahrensgesetzes vor: «Formgebrechen schriftlicher Anbringen ermächtigen die Behörde nicht zur Zurückweisung. Die Behörde hat vielmehr dem Einschreiter die Behebung der Formgebrechen mit der Wirkung aufzutragen, dass das Anbringen nach fruchtlosem Ablauf einer gleichzeitig zu bestimmenden, angemessenen Frist zurückgewiesen wird. Wird das Formgebrechen rechtzeitig behoben, so gilt das Anbringen als ursprünglich richtig eingebracht.»

Fazit: Der gute Wille zählt, auch bei einer Behörde.

Forstwirtschaftliche Nutzfläche mit Waldtierbestand

Ballert innerhalb dieser Fläche der Förster auf wild gewordene Hirsche und entlaufene Leoparden? Und wie wird der Bestand ermittelt? Volkszählung im Wald, der Reihe nach: erst alle Käfer, dann die Würmer, und am Ende stellen sich die Rehe freiwillig zum Appell auf? Liebe Bürokraten, sagt doch einfach «Wald mit Tieren», wie es jeder normaler Mensch tun würde.

Freigrenze

Die Freigrenze gibt im Steuerrecht den Höchstbetrag an, bis zu dem keine Abgaben gezahlt werden müssen.

Fruchtgenussrecht

Der Inhaber oder die Inhaberin dieses Rechts darf eine fremde Sache unter Schonung der benutzten Substanz ohne Einschränkungen benutzen und Erträge daraus erzielen. Beispiel: Der Inhaber eines Fruchtgenussrechts an einer Kuh kann uneingeschränkt deren Milch trinken und diese auch verkaufen.

G

Gartenzaun

Nach den Nachbarschaftsgesetzen der Gemeinden dürfen
Gartenzäune in der Regel nicht höher als 1,20 Meter sein.
Ausnahme: die Satzung der Stadt München, dort sind bis
zu 1,50 Meter erlaubt, dafür muss dann aber die Hälfte der
Fläche aus Öffnungen bestehen. Nach einem Urteil des
Bundesgerichtshofs darf ein Nachbar eine «ortsübliche Ein-
friedung» verlangen.

Geschäftsführung ohne Auftrag (GoA)

Vorsicht, wenn es beim Nachbarn brennt – vor dem Löschen
helfen besser erst das Bürgerliche Gesetzbuch aufschlagen.
Und zwar § 667, in dem es um die «Geschäftsführung ohne
Auftrag» geht. Und das bedeutet: Wenn das Haus meines
Nachbarn brennt, dieser nicht zu Hause ist und ich hineile
und seine Fensterscheibe zertrümmere, um den Brand zu
löschen, liegt eine Geschäftsführung ohne Auftrag vor. Der
Nachbar kann in diesem Fall tatsächlich verlangen, dass ich
seine zertrümmerte Scheibe ersetze, da ich nicht beauftragt
wurde, den Brand zu löschen.

Geschlecht

Aus den *Informationen zur politischen Bildung*: «Der Geschlechtsunterschied zwischen den Eltern ist Voraussetzung für die Zeugung des Nachwuchses.»

Geschlechtsneutral

Aus einer Antwort der bayerischen Staatskanzlei auf eine schriftliche Anfrage der Grünen: «Die Staatsregierung ist bemüht, nach Möglichkeit geschlechtsneutrale Personenbezeichnungen zu wählen. Beispielsweise werden in dem Entwurf eines Gesetzes zur Änderung des Landeswahlgesetzes, der zwischenzeitlich dem Landtag zugeteilt worden ist, die Bezeichnungen Vertrauensmann/Ersatzmann durch die Bezeichnungen Beauftragter und Listennachfolger ersetzt.»

Gesetzesvorbehalt

Gesetzesvorbehalt bedeutet, dass der Staat gesetzlich abgesichert in ein Grundrecht eingreifen darf. So werden bei der Anordnung einer Hausdurchsuchung durch den Staatsanwalt oder bei Gefahr im Vollzug auch durch die Polizei die Grundrechte erheblich verletzt. Doch letztendlich geht es aus Sicht des Gesetzgebers um die Abwehr von Gefahren für die öffentliche Ordnung, die die Einschränkung der Grundrechte im konkreten Fall rechtfertigen. Gesetzesvorbehalt ist also eine Abwägung der unterschiedlichen Rechtsgüter.

Gewöhnlicher Aufenthalt

Unter «gewöhnlichem Aufenthalt» versteht man einen Ort, an dem sich eine Person regelmäßig und über eine gewisse Zeitspanne hinweg aufhält, ohne jedoch die Absicht zu haben, dort einen bleibenden Aufenthalt zu begründen. Beispiel: die längere Unterbringung in einem Krankenhaus oder der Aufenthalt in einem Sanatorium oder Altersheim.

Gewürzmischung

Wichtige Leitsätze für Gewürze und andere würzende Zutaten sind im *Deutschen Lebensmittelbuch* zu finden. Hier der wichtigste: «Gewürzmischungen sind Mischungen, die ausschließlich aus Gewürzen bestehen.»

GEZ-Gebührenfahnder

Wenn es an Ihrer Wohnungstür zweimal klingelt und Sie dummerweise öffnen, obwohl Sie gar keinen Besuch erwarten und stattdessen auf einen selten freundlichen Mitarbeiter der Gebühreneinzugszentrale (GEZ) der öffentlich-rechtlichen Rundfunkanstalten treffen, seien Sie vorsichtig und überlegen Sie sich am besten jedes Wort zweimal. Denn auch, wer alle Empfangsgeräte angemeldet hat, kann rasch Ärger mit der GEZ bekommen.

Sprechen Sie deshalb in diesem Zusammenhang niemals von GEZ-Gebühren, es sind die gesetzlichen Rundfunkgebühren. Einen GEZ-Gebührenfahnder gibt es gar nicht, es ist vielmehr ein Mitarbeiter des «Beauftragtendienstes der öffentlich-rechtlichen Rundfunkanstalten». Sie unterschreiben auch keine GEZ-Anmeldung, sondern die «gesetzlich vorgesehene Anmeldung von zum Empfang bereitgehaltenen Rundfunkgeräten». Die GEZ scheint nämlich eine Vorliebe für möglichst bürokratische Beschreibungen zu hegen. Wer sich nicht an diese hält und beispielsweise im Internet andere Begriffe verbreitet, riskiert Klage und Unterlassungserklärung (so erging es im Jahre 2007 etwa dem Berliner Internetportal akademie.de).

Hier ein kleiner Auszug der aus Sicht der GEZ nicht zulässigen Begriffe:

GEZ-Anschreiben: Informationsschreiben der GEZ und/ oder Schreiben, mit dessen Hilfe der gesetzliche Auskunftsanspruch von § 4 Abs. 5 des Rundfunkgebührenstaatsvertrages geltend gemacht wird.

GEZ-Gebühr: gesetzliche Rundfunkgebühr

GEZ-Gebührenfahnder: Beauftragtendienst der öffentlich-rechtlichen Rundfunkanstalten oder Rundfunkgebührenbeauftragter

GEZ-Zwangsanmeldung: Der Begriff existiert nicht, da bei einer gesetzlichen Gebührenpflicht keine Zwangsanmeldung möglich ist.

PC-Wegelagerei-Gebühr der GEZ: gesetzliche Rundfunkgebühren für neuartige Rundfunkempfangsgeräte.

Übrigens: «Die GEZ verschickt darüber hinaus keine Zahlscheine. Sie fordert allenfalls diejenigen angemeldeten Rundfunkteilnehmer, die keinen Dauerauftrag eingerichtet haben und nicht am Lastschriftverfahren teilnehmen, unter Beifügung eines Überweisungsvordrucks zur Zahlung der gesetzlichen Rundfunkgebühr auf.» Da weiß man doch wieder, wofür man die Gebühren zahlt!

Glaubhaftmachung

Unter «Glaubhaftmachung» versteht man eine Beweisführung, bei der eine Tatsache allein dadurch glaubhaft gemacht wird, dass diese dem Richter oder der Richterin als wahrscheinlich erscheint. Dies kommt vor allem bei Zivilprozessen vor. Es gibt also keine Beweise, aber der Richter glaubt der Zeugenaussage.

Gleichschrift

Unter Gleichschrift wird die Kopie einer Urkunde verstanden, die dem Original vollkommen gleicht. Eine Kopie wird von Behörden auch häufig als Mehrstück bezeichnet. Ob Kopie, Gleichschrift oder Mehrstück – sie alle brauchen eine amtliche Beglaubigung, um von einer Behörde anerkannt zu werden.

Grenzübertrittsschein

Der Grenzübertrittsschein ist ein Personaldokument, das Personen und deren Familienangehörige, die im grenznahen Bereich wohnen, zum täglichen Grenzübertritt und zu einem Aufenthalt von bestimmter Dauer im Grenzbezirk des anderen Staates berechtigt. Durch das Schengener Abkommen konnten seit 1985 immer mehr Grenzübertrittsscheine in Europa aussortiert werden.

Großgrün

Erstaunlich, wie sich auch Stadtplaner die größte Mühe geben, um auf Begriffe zu kommen, die der Bürger möglichst nicht kennt und deren Bedeutung sich allenfalls erahnen lässt. In fast jeder Bauvorschrift dieser Republik verfängt sich der Bürger im «Großgrün» – gern auch als «dörfliches Großgrün» bezeichnet. Also: Was ist groß und grünt? Bäume und Alleen. Eine selbständige Grünanlage ist ein Park, unselbständige Grünanlagen werden wiederum die Grünflächen an den Straßen genannt.

Grunddienstbarkeit

Die Dienstbarkeit an einer Liegenschaft, also einem Grundstück mit Gebäude, wird Grunddienstbarkeit genannt. Sie dient der besseren Nutzung des Grundstücks. Das Recht darauf steht dem Eigentümer der begünstigten Liegenschaft zu und besagt, dass dieser das benachbarte, fremde Grundstück passieren darf. Dieses Wegerecht machte früher, als noch Viehherden oder Fuhrwerke die Nachbarwiesen durchqueren mussten, mehr Sinn (siehe auch *Schwengelrecht*). Häufig war mit dem Wegerecht auch das Weiderecht verbunden.

Gülle

Nach der EU-Verordnung 1774/2002 darf in Biogasanlagen nur die Gülle von Nutztieren verwendet werden. Für Pferdebesitzer hat dies ungeahnte Folgen: Nur der Mist von Zug- und Schlachtpferden darf für die Herstellung von Biogas verwendet werden, Gülle von Reitpferden dagegen nicht.

AKTENNOTIZ V

Gegen den Bandwurm

Die Ruhr-Universität Bochum sieht so aus, wie sie heißt: wie eine Betonburg aus grauen Stockwerken und engen Zugangsstraßen, verwirrenden Hinweisschildern und endlosen Fluren. Wohin man auch blickt, sieht man betonierte Bienenwaben aus den 1970er Jahren für den Wissenschaftsbetrieb im Zentrum des bevölkerungsreichsten Bundeslandes.

Das Büro von Hans-Rüdiger Fluck, 66 Jahre alt und Leiter des Germanistischen Instituts, ist eine zwölf Quadratmeter große Zelle mit weißen Schränken und ein paar Kinderzeichnungen – so unpersönlich also wie seine Umgebung und damit optisch gesehen der ideale Ort zur wissenschaftlichen Auseinandersetzung mit der Beamtensprache. Fluck und seine Mitarbeiter vom Germanistischen Institut machen sich um die Entrümpelung der Behördensprache verdient. Wenn in dieser Hinsicht Besserung in Sicht ist, liegt es an den Sprachforschern aus Bochum, die konkret den Behörden helfen, und nicht an den Politikern, die nur appellieren und schwadronieren.

Allerdings wäre Fluck ohne die ja letztendlich von

Politikern bewilligten Fördergelder auch nicht weitergekommen. Nun muss der von den Sprachwissenschaftlern gegründete «Internet-Dienst für eine moderne Amtssprache» (IDEMA) finanziell auf eigenen Füßen stehen. Über eine Datenbank werden Beispielbriefe für besseres Behördendeutsch angeboten, und auch beim Formulieren von neuen Verordnungen helfen die Bochumer Germanisten.

Von den 700 für das Projekt angeschriebenen großen Kommunen haben sich bislang allerdings nur 21 dem Netzwerk angeschlossen. Häufigste Begründung: Engpass im Haushalt, also kein Geld. Im Jahr kostet diese professionelle Unterstützung für eine Behörde zwischen 1400 Euro bei 100 Beschäftigten und rund 3000 Euro bei 1000 Mitarbeitern. Dafür dürfen diese dann nach Belieben Briefe, Informationsschriften und Verordnungen zwecks Überprüfung einreichen. Die so geringe Resonanz ist im Grunde nicht verständlich: Fast jede Kommune dürfte schließlich schon einmal mit unsinnigen Prestigeprojekten weitaus mehr Geld in den Sand gesetzt haben. Und je verständlicher die Schreiben der Behörden, desto weniger Stress gibt es mit den Bürgern. Das spart letztendlich Arbeitszeit und Steuergeld.

Als eine der ersten Kommunen hat sich die Stadtverwaltung von Bochum der Initiative angeschlossen. Aus der «Vorlage einer amtlich beglaubigten Ablichtung» wurde so eine «amtlich beglaubigte Kopie» und aus der «Inanspruchnahme unserer Hilfen» die «Nutzung unserer Angebote». Die «fernmündliche Abklärung noch offen stehender Fragen» heißt jetzt: «Es wird einen Anruf geben.»

Und das «Eignungsfeststellungsverfahren» wird immerhin zum «Eignungstest».

Die nachfolgenden Beispiele aus der Bochumer Datenbank zeigen, wie einfach die Amtssprache sein könnte:

Vorher	Nachher
«Nach Besichtigung bzw. Begutachtung des Baumes durch die im Hause zuständige Abteilung Öffentliches Grün sowie dem Leiter der Stadtgärtnerei teile ich Ihnen mit, dass eine Fällung aufgrund von Schattenwurf nicht in Frage kommt.»	«Sie dürfen den Baum nicht fällen lassen.»
«Die Bundesagentur für Arbeit teilte mir mit, dass von dort die notwendige Zustimmung zu der von Ihnen beabsichtigten Beschäftigung nicht erteilt wird.»	«Die Bundesagentur für Arbeit stimmt Ihrer geplanten Beschäftigung nicht zu.»
«Die Prüfung Ihres Antrages hat ergeben, dass Ihr Antrag in der vorliegenden Form nicht genehmigungsfähig ist.»	«Ich kann Ihren Antrag so nicht genehmigen.»
«Die Daten des Bewohnerparkausweises waren laut dem zum Verwarnzeitpunkt gefertigten Vermerk der Politesse nicht bzw. nicht vollständig lesbar.»	«Ihr Bewohnerparkausweis war nicht lesbar.»

«Ich sehe mich gezwungen, abhängig vom Zustand des Tieres dieses zur pfleglichen Behandlung vorübergehend anderweitig unterzubringen.»

«Ich muss Ihr Tier ins Tierheim bringen lassen.»

«Nach Ausfüllung und Rücksendung des Antrages werde ich eine Klärung der Kostenübernahme herbeiführen.»

«Bitte schicken Sie mir den ausgefüllten Antrag. Ich werde dann klären, wer die Kosten übernimmt.»

«Die Wiederaufnahme des Streumittels durch den Streupflichtigen muss unverzüglich nach Wegfall des Erfordernisses zur Abstumpfung erfolgen.»

«Nach dem Ende der Frostperiode sind die Geh- und Radwege von Streumittelresten zu reinigen.»

G

H

Hammelsprung

Hier eine Rundfunkmeldung, die längst einmal fällig wäre: «Berlin. Im Deutschen Bundestag kam es in der laufenden Sitzung zu einem Hammelsprung. Dabei zeigte sich, dass die Regierung und die sie tragenden Bundestagsfraktionen die meisten Hammel stellen.»

Hammel gehören wie das Stimmvieh zur Parlamentssprache – aus welchen Gründen auch immer, zumindest sind sie einprägsam und haben sich deshalb bereits über Jahrhunderte in der Sprache halten können. Der «Hammelsprung» als besonderes Abstimmungsverfahren war nämlich schon im Kaiserreich Teil der Geschäftsordnung des Reichstages und wurde von den späteren Parlamenten übernommen. Im Deutschen Bundestag müssen die Abgeordneten bei Abstimmungen in der Regel die Hand heben oder müssen aufstehen oder dürfen sitzen bleiben.

All das ist nicht sonderlich schwer, klappt manchmal aber dennoch nicht. Und wenn der zweite Versuch einer Abstimmung, die Gegenprobe, scheitert, dann kommt es zum Hammelsprung: Sämtliche Abgeordneten müssen aufstehen und den Saal verlassen. Wenn sie der amtierende Sitzungspräsident zurückruft, müssen sie sich für eine von drei Türen entscheiden, die jeweils für Ja, Nein oder Enthaltung geöffnet sind. Wer sich in dieser schwierigen und angespannten Situation verläuft – und so etwas kommt durchaus vor –, läuft sozusagen zur Gegenseite über.

Vor jeder Tür stehen zwei Schriftführer, die mit lauter Stimme die jeweiligen Abgeordneten zählen. Wie eben die Schäfer, die auf der Weide ihre Lämmer und Hammel zählen. Dennoch lassen sich auch die Parlamentarier, die in langjährigen Sitzungsperioden alle Hammelsprünge heil überstanden haben, nicht gern Hammel nennen.

Hauruck

Aus dem *Münchner Kommentar zum Bürgerlichen Gesetzbuch*: «Das Kommando ‹Hauruck› ist eine rechtsgeschäftliche Erklärung, die der Leistungsbestimmung dient. Kommt nämlich der Arbeitnehmer dem Kommando nicht nach, verletzt er seine Vertragspflicht.»

Hecken

Selbstverständlich kann vor Grundstücken kein Wildwuchs geduldet werden. So darf aus einer Hecke kein Gebüsch werden. Also muss sie geschnitten werden. Aber wie oft, wie lange und wann? Ein Urteil des Landgerichts Saarbrücken hilft da entscheidend weiter: «Für diese Auslegung des Begriffs Hecke im Sinne des § 49 SNG spricht auch die Regelung in dessen Abs. 2, wonach Schnitt- und Formhecken auch dann Hecken sind, wenn sie im Einzelfall nicht geschnitten werden. Aus dieser gesetzlichen Definition folgt, dass Schnitthecken generell geschnitten werden müssen, um den Charakter einer Hecke zu behalten. Lediglich wenn sie im Einzelfall, d.h. gelegentlich, nicht geschnitten werden, geht der Heckencharakter nicht verloren.»

Hemdpflicht

Wer beim Arbeiten schwitzt, darf sich als EU-Angehöriger noch lange nicht einfach so das Hemd ausziehen und seinen mehr oder weniger muskulösen Oberkörper zur Schau stellen. Speziell Bauarbeitern ist dies verboten. Egal, wie lange und wie stark die Sonne scheint – es herrscht die strikte Hemdpflicht. So will die EU die Bauarbeiter vor Hautkrebs schützen. Ob mit Hemd oder ohne – diese schwerwiegende Entscheidung sollte auf keinen Fall dem Bauarbeiter selbst überlassen werden.

Herkunftsmutter
Behördensprache, Unterabteilung Jugendämter: Gemeint ist mit der «Herkunftsmutter» die leibliche Mutter eines Kindes.

AKTENNOTIZ VI

Heiteres Beruferaten

Es ist Samstagnachmittag, endlich. Ein paar Stunden der Ruhe und des Müßiggangs stehen bevor. Entspannt lehnen wir uns zurück und blättern in den Stellenanzeigen der dicken Wochenendausgabe unserer Lieblingszeitung. In dieser aufgelockerten Geisteshaltung ist man durchaus offen für eine Änderung des Lebenswandels und neue berufliche Herausforderungen. Denn eine Verbesserung von Stellung, Ansehen und Bezahlung im Berufsleben kann theoretisch ja nie schaden.

Vielleicht ist das ja das Richtige: Gesucht wird ein «Front Office Manager» mit sicherem und gewandtem Auftreten. Front? Sind hier Kriegserfahrungen aus Afghanistan oder von anderen Unruheherden gefragt? Geht es um Belastungsproben unter Mündungsfeuer und Dauerbeschuss? Oder reicht der ganz normale Grunddienst bei der Bundeswehr, auf den man sich im Kriegsfall ja auch verlassen muss? Wie gut wird der Fronteinsatz bezahlt? Wie hoch sind die Gefahrenzulagen bei diesem Job? Die weiteren Anforderungen sind ebenfalls keine unüberwindbare Hürde: «Positive Ausstrahlung, Englisch in Wort und Schrift und Budgeterfahrung» – alles selbstverständlich beim Bewerber im Überfluss vorhanden.

Seltsam nur, dass das Maritim Hotel Frankfurt diese Stellenanzeige aufgegeben hat. Was haben die mit der Front zu tun? Oder ist nach der Einarbeitungszeit der zügige Wechsel des neuen Mitarbeiters nach Bagdad oder Kabul geplant? Wenn ja: Gibt es Gefahrenzulagen? Doch das persönliche Erscheinen des fronterprobten Bewerbers im Frankfurter Hotel löst erst Verwunderung, dann Gelächter aus, und seine militärischen Grundkenntnisse werden im weiteren Verlauf des Bewerbungsgespräches grob missachtet. Denn «Front» bedeutet für die Hotelmanager nicht den militärischen Frontverkauf, sondern Eingangsbereich und Rezeption – also alles sehr harmlos. Der Front Office Manager ist der Empfangschef des Hauses. Warum sagen die das nicht gleich?

Doch im Stellenteil unserer Lieblingszeitung entdecken wir noch eine interessante Ausschreibung: Eine internationale Versicherungsgruppe mit Sitz in Köln sucht einen «Underwriter (m/w)». Das klingt doch nach einer Aufgabe, die nicht allzu hohe Ansprüche stellt, aber dennoch ein hohes Ansehen verspricht: Underwriter – eine gut lesbare und dennoch schwungvolle Unterschrift ist ja letztendlich nur eine Frage der Übung. Allerdings werden sich sicherlich viele auf diese Anzeige melden, denn unterschreiben kann fast jeder, selbst Analphabeten sind dazu häufig in der Lage.

Der Rest dürfte auch kein Problem darstellen: «Eine kunden- und unternehmensorientierte Denkweise, Teamgeist und sicheres Auftreten bei Verhandlungen und Versicherungsmaklern runden Ihr Profil ab.» Aber sehr gern! Steigt die Bezahlung dieser Aufgabe mit der Schönheit und Reinheit der geleisteten Unterschriften? Wie oft müssen die Stelleninhaber am Tag unterschreiben? Wie am Fließband, oder müssen sämtliche Schreiben, die zur Unterschrift vorliegen, vorher auch noch gelesen werden?

Wir warten gar nicht erst auf eine Einladung zum Bewerbungsgespräch, stürmen sofort in das Büro der verblüfften Sekretärin der Personalchefin, bereit, ihr sofort an Ort und Stelle eine Unterschriftenprobe zu leisten. Leider zerplatzt auch diese schöne Vorstellung, und der Bewerber erntet schon vor Beginn des Bewerbungsgespräches nur Mitleid und milden Spott. Denn der Underwriter unterschreibt keineswegs nur wichtige Briefe, seine Kernkompetenz liegt vielmehr darin, die Risiken vor Abschluss einer Versicherung zu bewerten. Deshalb ist die erste Hürde für Bewerber hier der erfolgreiche Abschluss einer Ausbildung zum Versicherungskaufmann. Aber woher soll man das denn wissen?

Die Berufsbezeichnungen werden immer skurriler, selbst ein Lexikon hilft bei vielen Stellenanzeigen nicht mehr weiter. Über 30 000 Berufstitel hat die Bundesagentur für Arbeit mittlerweile in ihrer Datenbank erfasst. Dabei sind der Agentur eigentlich nur rund 7000 Kernberufe bekannt, der große Rest sind Ableitungen und neue Wortschöpfungen.

Und warum? Große und gelegentlich auch kleine Firmen verweisen gern auf ihre internationalen Verflechtungen, Hotel- und Handelsketten berufen sich auf ihre internen Bewerbungsverfahren. So könnte der neue Front Office Manager für das Hotel in Frankfurt ja auch ein Inder sein, der zurzeit noch in einem Tochterhotel in Moskau beschäftigt ist. Wer europaweit arbeitet, will seine Jobs auch europaweit anbieten. Trendsetter (auch so ein Wort, über das man vor Gebrauch erst einmal nachdenken und es dann etwa als «Beschleuniger dieser Entwicklung» übersetzen könnte) waren hier zweifellos die Unternehmen aus dem IT- und Multimediasektor.

Wenn es um neue Jobs geht, ist der Exportweltmeister Deutschland sogar die Importnation Nummer eins. Die meisten neuen Berufsfelder, die sich in den USA bewähren, schwappen nach Deutschland über, die Bezeichnungen bleiben aber englisch (siehe auch «It's time for Denglisch», S. 58). Zweiter Grund: pure Angeberei. Das Unternehmen macht sich einfach größer, als es ist, indem statt des Hausmeisters ein Facility Manager gesucht wird. Und auch der Mitarbeiter kann sich mit einer englischen Berufsbezeichnung schmücken. Der Verkäufer wird zum Sales Manager, was zweifellos besser klingt. Leider ist damit nicht unbedingt ein höheres Gehalt verbunden. Ob die schicke Berufsbezeichnung auf Dauer darüber hinwegtröstet?

Hier eine Liste mittlerweile sogar geläufiger, aber dennoch häufig bizarrer Berufsbezeichnungen und ihrer Übersetzung:

Accountant: Buchhalter
Area Sales Manager: Gebietsverkaufsleiter
Branch Manager: Geschäftsstellenleiter
Crockery Cleansing Operative: Tellerwäscher
Environment Improvement Technician: Putzfrau
Executive Assistant: Sekretärin
Facility Manager: Hausmeister
Field Operator: Außendienstler
Floor Manager: Abteilungsleiter
Front Officer: Empfangschef
Funeral Master: Bestatter
Global Lead Buyer: Einkäufer
Human Resources Manager: Personalleiter
Junior Clerk: Bürogehilfe
Management Assistant in Retail Business: Einzelhandels-
    kaufmann
Media Distribution Officer: Zeitungsausträger
Petroleum Transfer Engineer: Tankwart
Ramp Manager: Lademeister
Street Worker: Straßensozialarbeiter
Travel Management Assistent: Reiseverkehrskaufmann
Vision Clearance Engineer: Fensterputzer
Waste Removal Engineer: Müllmann
Underwriter: Risikobewerter bei Versicherungen

I

Immatrikulationsbescheinigung

Ein Spaß für jede Studentenparty: Wer kann dieses Wortungetüm fehlerfrei 20-mal hintereinander sagen? Erstsemester und Nichtakademiker dürften Schwierigkeiten haben. «Studienbescheinigung» ist da schon wesentlich benutzerfreundlicher.

Inanspruchnahme

Wer viel mit dem Auto fährt, sorgt für eine erhöhte Inanspruchnahme seines Fahrzeugs. Im Behördendeutsch meint dieser Begriff aber den unerhörten Vorgang, wenn der Bürger von verbrieften Rechten Gebrauch macht, sie also beansprucht.

Insassenversicherung

Aus dem juristischen Lehrbuch *Privatversicherungsrecht*: «Flieht der Versicherungsnehmer, der für sein Fahrzeug eine Insassen-Unfall-Versicherung abgeschlossen hatte, vor seinem Mörder in das vor dem Haus abgestellte Kraftfahrzeug und wird er in seinem Wagen sitzend getötet, so liegt für den Versicherungsnehmer zwar ein Unfall vor, jedoch haben seine Hinterbliebenen dennoch keinen Anspruch gegen die Insassen-Unfall-Versicherung, weil der Unfall, den der Versicherungsnehmer als Insasse des Kraftfahrzeuges erlitten hat, nicht ursächlich auf die versicherte Gefahr zurückgeht. Der Mörder hätte seine Opfer auch außerhalb des Kraftfahrzeuges, und dort erst recht, getötet.»

Instanzenzug

Damit ist die Einlegung von Rechtsmitteln gemeint, der juristische Gang durch die Instanzen. Zum Glück wird diese Formulierung höchst selten verwendet.

Intimation

«Intimation» ist ein veralteter Begriff, der «gerichtliche Ankündigung, Aufforderung oder Vorladung» bedeutet.

Inverkehrbringen

Wer etwas unter die Leute bringt, ist dafür auch verantwortlich. Für Verwaltungsjuristen ist die Einführung eines Produkts, beispielsweise eines neuen Toasters, ein «Inverkehrbringen». Dadurch ist geklärt, wer am Ende haftet, falls der Toaster Funken schlägt oder in der Küche explodiert: der «Inverkehrbringer», also in der Regel der Hersteller oder das Vertriebsunternehmen.

J

Johanniskraut

Wer im Wald Wildkräuter sammelt, riskiert nicht nur Rauschzustände oder gar Vergiftungen, sondern auch Ärger mit der Gesundheitsbehörde. Kamille, Pfefferminz und Brennnessel werden zwar als Lebensmittel eingestuft und dürfen damit bedenkenlos verzehrt und auch verkauft werden; für den Handel mit Birkenblättern, Schafgarbe, Malvenblüten oder Johanniskraut ist jedoch nach § 50 des Arzneimittelgesetzes eine besondere Genehmigung erforderlich. Seit Herbst 2005 gilt auch in Deutschland eine EU-Richtlinie, die besagt, dass Mittel wie Johanniskraut, die «bestimmungsgemäß eine metabolische, immunologische oder pharmakologische Wirkung bezwecken, als Arzneimittel einzustufen» sind. Der Handel mit den entsprechenden Produkten ist damit weitgehend auf Apotheken und Drogerien beschränkt – Kräuterbauern und Hobbysammler müssen auf andere Kräuter oder andere Hobbys ausweichen.

Juristische Person

Ein Verein oder eine Gesellschaft mit beschränkter Haftung (GmbH) kann durch einen Rechtsakt zu einer juristischen Person, zu einem Träger von Rechten und Pflichten werden. Da die gesetzliche Anerkennung ihr aber noch längst kein menschliches Leben einhaucht, wird sie auch als nicht natürliche Person bezeichnet.

K

Klo auf hoher See

Die Zukunft der Energieversorgung für Deutschland liegt auf dem Meer. Eine gute Idee: Windräder sorgen für Strom, dabei fallen keinerlei Schadstoffe an, alles bleibt sauber – endlich kommt es zur Versöhnung zwischen Mensch und Natur. Dieser schöne Plan droht leider doch noch zu scheitern, und zwar wegen einer Notdurft.

Aber der Reihe nach: Zwölf riesige Windenergieanlagen, von denen jede fünf Megawatt erzeugen kann, sollen sich in den nächsten Jahren vor der deutschen Küste drehen. Ein Dutzend Behörden hatten zuvor eingehend den Bau der Windenergieanlagen geprüft, von der Baustatik bis hin zum Vogelschutz. Und irgendwann, im Laufe des langjährigen Prüfungsprozesses, tauchte die Frage auf: Wie ist die Möglichkeit zu bewerten, dass die Monteure, die die Anlagen warten, während ihres Aufenthaltes eine Notdurft verrichten müssen? Einfach ins tosende Meer machen? Das würde nicht nur einige Übung erfordern, sondern auch den guten ökologischen Ruf dieser Anlagen unter Umständen schlicht versauen.

Also greift § 9 der Errichtungsgenehmigung des Bundesamts für Seeschifffahrt und Hydrographie: Die Anlagen sind so auszustatten, dass «die Arbeitssicherheit von Wartungs- und Bedienungspersonal sichergestellt ist». Wer dringend muss, behält auf die Dauer nicht die notwendige Ruhe, um seine Arbeit sicher zu verrichten – so in etwa der Grundgedanke hinter diesem Paragraphen. Darüber, dass er auch umgesetzt wird, wachen immerhin drei verschiedene

Berufsgenossenschaften, die die Interessen der Monteure vertreten, welche möglicherweise auf hoher See einmal müssen: die Berufsgenossenschaft See, die für Feinmechanik und Elektrotechnik sowie die für Handel und Warendistribution.

Nach diversen Tagungen und Expertenanhörungen entstand zwar eine 94 Seiten starke Empfehlung zur Sicherheit und Gesundheit beim Wartungsdienst einer Windenergieanlage auf hoher See, darin aber kein Wort über die Notdurft. Mit der befasst sich nun das Bundesumweltministerium. Dort wird inzwischen die Bereitstellung von Camping-WCs in den Windenergieanlagen bevorzugt; gelöst ist damit das Problem allerdings noch lange nicht. Wenn nämlich auch weibliche Monteure eingesetzt werden sollten, sind nach allen geltenden Bestimmungen zwei getrennte Toiletten zwingend erforderlich.

Knickschutz

Klar, dass nicht jeder sein neues Häuschen so bauen kann, wie er will. Verständlich, dass es dabei Regeln und Vorschriften zu beachten gilt. So ist in den Bebauungsgebieten nördlich von Hamburg der Knickschutz zwingend vorgeschrieben. Die Gemeinde Bredenbek in Schleswig-Holstein fordert etwa im Bebauungsplan Nr. 12 für das Gebiet «Am Kindergarten, Lehmkoppel, Lehmkohle, 2. Bauabschnitt»: «Innerhalb der festgesetzten Knickschutzzone ist der vor dem Knickfuß liegende Knickraum von jeglicher Nutzung freizuhalten.»

Ach, übrigens: «Knicks» werden in Schleswig-Holstein etwa ein Meter hohe Erdwälle mit Feldsteinen genannt, die mit Bäumen und Sträuchern bepflanzt werden und dadurch einen Windschutz bieten. Diese Knicks grenzen Grundstücke und Felder voneinander ab.

Kollisionskurator

Ein Kollisionskurator ist ein eingesetzter Vermittler, der bei Verhandlungen oder Streitigkeiten die Interessen einer minderjährigen Person vertreten soll. Beispiel: Sollten bei einer Scheidung der Eltern die Interessen des fürsorgeberechtigten Elternteils und die des Kindes auseinandergehen, dann ist ein Kollisionskurator oder eine Kollisionskuratorin zu bestellen. Dies wird in aller Regel ein Mitarbeiter des Jugendamtes sein.

Kollisionsnorm

Ein in Schweden lebender Italiener will sich in Österreich von seiner deutschen, in der Schweiz lebenden Frau scheiden lassen. Dieser zugegebenermaßen nicht ganz alltägliche Fall könnte der Anlass für eine klassische Kollisionsnorm sein: Welches Land ist für die Scheidung rechtlich zuständig? Falls es ein deutsches Gericht sein sollte, ist damit noch nicht geklärt, ob auch nach dem deutschen Familienrecht geurteilt wird. Vielmehr wird durch die sogenannten Kollisionsnormen ermittelt, welche Rechtsordnung welchen Landes zum Zuge kommt. Dies richtet sich nach internationalen Verträgen oder nach dem Bürgerlichen Gesetzbuch.

Kondome

Das Europäische Komitee für Normung hat in enger Zusammenarbeit mit der zuständigen Kommission in Brüssel 1996 die Größenordnungen für Kondome festgelegt. Danach soll die Länge nicht weniger als 160 Millimeter betragen und die «Weite nicht mehr als zwei Millimeter von der nominalen Weite» abweichen.

Verpflichtend ist die 16-Zentimeter-Länge aber nicht, die Bürokraten beließen es in diesem Fall bei einer Empfehlung.

Und selbst die kam erst nach einer jahrelangen Diskussion mit der Regierung von Norwegen zustande. Denn in Oslo galten die 16 Zentimeter zunächst als zu kurz. Schließlich gab die Regierung von Norwegen ihren Widerstand auf. Doch seither gelten Männer aus Norwegen innerhalb der EU als besonders gut bestückt. Diesen Ruf haben sie ihrer Regierung zu verdanken.

Konfirmation

Eine Konfirmation gehört gefeiert, sich davor drücken ist nicht. Da gilt auch nicht die Ausrede, es gebe nicht genug Tischdecken für die vielen hungrigen Gäste, wie aus einem Beschluss des Verwaltungsgerichtes Gelsenkirchen hervorgeht: «Der Antragstellerin ist es durchaus zuzumuten, bei der Konfirmationsfeier den Tisch statt mit einer großen Tischdecke mit den vorhandenen zwei kleinen Tischdeckchen zu decken. Sollte nicht ausreichendes Geschirr vorhanden sein, könnte die Antragstellerin ihre Gäste bitten, für sich Teller, Tassen und Untertassen mitzubringen.»

Konisch geformter Schüttgutbehälter mit Zentralauslauf

Das ist ein Trichter, ein ganz normaler Trichter und nichts als ein Trichter.

Krümmungsgrad

Ein großer Tag für die Entbürokratisierung der EU: Die Richtlinie 1877/88 ist seit Beginn des Jahres 2009 nicht mehr in Kraft. Mehr als 20 Jahre lang war sie das schlechte Beispiel für die Regulierungswut der Bürokraten in Brüssel, denn in dieser Richtlinie ging es ernsthaft um den genormten Krümmungsgrad von Gurken, die auf Wochenmärkten oder im Supermarkt verkauft werden: Höchstens zehn Millimeter durften Europas Gurken krumm sein, gemessen auf einer Länge von zehn Zentimetern. Auf eine eingehende Kontrolle und strafrechtliche Verfolgung bei Verstößen gegen den vorgeschriebenen Krümmungsgrad war jedoch verzichtet worden.

Diese symbolische Großtat wäre übrigens beinahe an der Haltung des Bundesagrarministeriums gescheitert. Die Beamten wollten nämlich der absurden Gurkennorm die Stange halten. In einem Vermerk wurden die Vorteile einer solchen Krümmungsnorm genannt: Die Gurken ließen sich dann leichter verpacken und transportieren. Nun muss es auch so gehen.

Die offizielle Abschaffung des erlaubten Krümmungsgrades sagt im Übrigen wenig aus über den aktuellen Regulierungsgrad: Das Gesetzbuch der Europäischen Union ist immer noch 100 000 Seiten dick.

Kühe

Wie glücklich können Kühe und andere vierbeinige Rindviecher in Europa sein, dass sie des Lesens nicht mächtig sind. So bleibt ihnen etwa dieser sie betreffende Wortmüll aus dem *Amtsblatt der Europäischen Gemeinschaft* erspart: «Änderungen zum geänderten Vorschlag für eine Verordnung (EWG) des Rates zur Änderung der Verordnung (EWG) Nr. 805/68 über die gemeinsame Marktorganisation für Rindfleisch und zur Aufhebung der Verordnung (EWG) Nr. 1302/73 und zum geänderten Vorschlag für eine Verordnung (EWG) des Rates zur Änderung der Verordnung (EWG) Nr. 1357/80 zur Einführung einer Prämienregelung für die Erhaltung des Mutterkuhbestandes und zur Aufhebung der Verordnung (EWG) Nr. 1199/82».

Kunststoff

Das Landgericht München erkannte vor einigen Jahren, worauf es bei einem Fenster wirklich ankommt. Zitat aus der Urteilsbegründung: «Kunststoff-Fenster mögen zahlreiche Vorteile haben, insbesondere in Bezug auf Wartung und Pflege – Holz hat den Vorteil, nicht aus Kunststoff zu sein.»

K

Landschaftsbildbeeinträchtigungssteuer

Es gäbe wohl viele Möglichkeiten, diese Steuer zu erheben: in Form einer Sondersteuer für hässliche Gebäude, von Zuschlägen für den Plattenbau oder einer Strafgebühr für mehr als zehn Gartenzwerge im Vorgarten – schon käme der Staat wieder an Geld, und die Rekordverschuldung würde uns nicht länger belasten.

Es gab tatsächlich Versuche, diese Steuerart einzutreiben, allerdings nur bezogen auf den Bau von Windkrafträdern. Auf der Suche nach neuen Einnahmequellen wollte die Samtgemeinde Land Wursten im Landkreis Cuxhaven alle Windkraftanlagen besteuern, die 30 Meter über Geländeoberkante hoch sind. Die Höhe des Bauwerkes beeinträchtige schließlich das Landschaftsbild, so die Begründung. Und den Gemeinden stehe traditionell das Steuerfindungsrecht zu.

Die Idee machte Schule – andere Gemeinden ließen sich bereits die Mustersatzung für diese windige Steuer kommen, weil auch sie auf neue Einnahmen hofften. Doch alle Hoffnungen lösten sich in Luft auf. Das Innenministerium von Niedersachsen untersagte die Einführung der Landschaftsbildbeeinträchtigungssteuer. Sie sei unvereinbar mit dem Grundgesetz, so die Begründung des Ministeriums.

Landschaftselement

Seit dem Jahr 2004, dem Entstehungsjahr der entsprechenden Verordnung, kennt die Europäische Union keine Bäume und Sträucher mehr. «Einzelbäume und Einzelsträucher,

auch soweit sie abgestorben sind», sowie Tümpel, Fels-
und Steinriegel und auch Natursteinmauern werden nach
der Verordnung Nr. 796/2004 als «Landschaftselemente»
erfasst.

Lautraum
Keine Testhalle für lärmende Triebwerke und auch kein
Musikübungsraum für Lauten. Als «Lautraum» bezeichnen
manche Behörden eine Diskothek. Schon klar, warum, denn
dort versteht man ja seine eigene Anordnung nicht. Auch in
vielen Kindergärten gibt es übrigens Lauträume – so werden
im Unterschied zu den Schlafräumen jene Räume genannt,
in denen die Kleinen toben dürfen.

Lebensberechtigungsbescheinigung
Ist es schon so weit? Darf man im Europa des 21. Jahrhunderts
ohne Erlaubnis, sorgfältig geprüft und abgestempelt, noch
nicht einmal existieren? Geht es hier um Personalausweis,
die Meldebescheinigung oder die zwingend vorgeschriebene Aufenthaltsgenehmigung für die, die nicht das Glück
hatten, innerhalb der EU und des Geltungsbereichs des
Schengener Abkommens das Licht der Welt zu erblicken?

Alles falsch, und in diesem Fall sind auch die 24 000 EU-Beamten unschuldig: Die Lebensberechtigungsbescheinigung
gilt nur für Vierbeiner und ist bisher noch ausschließlich im
organisierten Hundewesen vorgeschrieben. Hundezüchter
meinen damit das Stammbuch.

Leistung
Hier sorgt das Umsatzsteuergesetz § 3 Abs. 9 für klare Ver-
hältnisse: «Sonstige Leistungen sind Leistungen, die keine
Lieferungen sind.» Danke für diese deutlichen Worte.

Leitern

Vor dem Aufstellen einer Leiter bitte erst unbedingt diese Gebrauchsanweisung lesen: Nach der Richtlinie der EU über «Mindestvorschriften für Sicherheit und Gesundheitsschutz bei Benutzung von Arbeitsmitteln» muss folgende Vorschrift streng beachtet werden: «Leitern sind so aufzustellen, dass sie während der Benutzung standsicher sind.» Aber das reicht noch nicht. In der sogenannten Leiter-Richtlinie (2001/45/EG) ist genau geregelt, wie nach dem EU-Recht eine Leiter aufgestellt werden muss: «Die Leiterfüße von tragbaren Leitern müssen so auf einem stabilen, festen, angemessen dimensionierten und unbeweglichen Untergrund ruhen, dass die Stufen in horizontaler Stellung bleiben. Das Verrutschen der Leiterfüße von tragbaren Leitern muss während der Benutzung dieser Leitern entweder durch Fixierung des oberen oder unteren Teils der Holme, durch eine Gleitschutzvorrichtung oder durch eine gleichwertige Lösung verhindert werden.»

Unerforscht ist noch, ob durch diese bahnbrechende Richtlinie die Zahl der Unfälle mit und von Leitern in den Mitgliedsstaaten gesenkt werden konnte. Dies wäre eine hervorragende Aufgabe für eine neue Arbeitsgruppe, die abwechselnd in Brüssel oder in Straßburg zusammenkommt. Selbstverständlich ohne Leiter.

Leumundsnote

Dieser Begriff ist ein Synonym für «Strafregisterbescheinigung». «Leumund» ist sicherlich ein aussterbendes Wort, auch die Bezeichnung «Note» für eine Bescheinigung ist nur noch selten zu hören oder zu lesen.

Lichtzeichenanlage

Behördendeutsch für Ampel. Die Straßenverkehrsordnung schreibt vor: «Die Haltelinie sollte nur so weit vor der Lichtzeichenanlage angebracht werden, dass die Lichtzeichen aus einem vor ihr wartenden Personenkraftwagen noch ohne Schwierigkeit beobachtet werden können.» Wenn das keine Umsicht ist.

Lokalaugenschein

Unter Lokalaugenschein verstehen Behörden die Besichtigung einer Örtlichkeit oder eines «Augenscheinsgegenstandes» an Ort und Stelle im Rahmen einer behördlichen Beweisaufnahme.

Luftverlastung

Hier liegen die Urheberrechte bei der Polizei. Gemeint ist der Transport von Geräten oder auch Einsatzkräften mit einem Hubschrauber. Vorteil für die Polizei: Wenn sich die Beamten so ausdrücken, wissen wirklich nur sie, welches Einsatzmittel jetzt zum Zuge kommt.

L

M

Margarine

Das *Deutsche Lebensmittelbuch* nennt die Fakten: «Margarine im Sinn dieser Leitsätze ist Margarine im Sinne des Margarinegesetzes.» Da bleibt keine Frage mehr offen.

Marmelade

In fast ganz Europa, also in allen 27 Mitgliedsstaaten der EU, gibt es keine Marmelade mehr. Ursache dafür ist keineswegs ein Engpass in Herstellung oder Vertrieb. Vielmehr darf nach der Richtlinie 2001/1113/EG der in Deutschland und Österreich gängige und traditionsreiche Begriff «Marmelade» nicht mehr verwendet werden, wenn der Aufstrich nicht ausschließlich nur aus Zitrusfrüchten besteht. Was einst Marmelade hieß, muss seitdem «Konfitüre» oder «Konfitüre extra» genannt werden. Dabei dürfen für Konfitüre nur 150 Gramm Ingwer auf 1000 Gramm Aufstrich verwendet werden; bei «Konfitüre extra» sind 100 Gramm Ingwer mehr erlaubt.

Maskenball

Aus einer Mitteilung der Kreispolizeibehörde Homburg: «Aufgrund § 5 Abs. 3 des Gesetzes zum Schutze der Jugend in der Öffentlichkeit (...) wird Ihnen im Einvernehmen mit dem Jugendamt des Saar-Pfalz-Kreises Homburg unter dem Vorbehalt des sofortigen Widerrufes bei Verstößen gegen die nachstehenden Auflagen die Ausnahmegenehmigung erteilt, einen Kindermaskenball durchzuführen. Auflagen: 1. Das Tragen von Masken ist verboten.»

Mutterschutz

Aus einem Schreiben der Bezirksregierung Rheinhessen-Pfalz an eine um Mutterschutz einkommende Beamtin: «Wir gehen davon aus, dass Ihnen Ihr Zustand früher bekannt war, und missbilligen Ihr Vorhaben.»

M

N

Nachhaltigkeit

Der Modebegriff «nachhaltig» ist gleichbedeutend mit «andauernd» und stammt ursprünglich aus der Forstwirtschaft. Demnach wird ein Wald dann nachhaltig genutzt, wenn nur so viel Holz geschlagen wird, wie auch nachwächst.

Dieses Prinzip wurde mittlerweile auch auf die Bereiche Wirtschaft und Gesellschaft übertragen. Eine «nachhaltige Entwicklung» etwa ist eine Entwicklung, die den Bedürfnissen der gegenwärtig lebenden Menschen entspricht, ohne das Leben zukünftiger Generationen zu gefährden.

Nachschau

Nachschau ist ein Mittel der Steueraufsicht. Amtsträger und Amtsträgerinnen der Finanzbehörde sind berechtigt, Grundstücke und Räume sowie Schiffe und Fahrzeuge von Personen, die in Verdacht stehen, Steuern hinterzogen oder falsche Angaben gemacht zu haben, während der Geschäfts- und Arbeitszeiten zu betreten.

Nachtwäsche

Im letzten Moment hat das Europäische Komitee für Normierung sein Regelwerk über das «Brennverhalten von Nachtwäsche» zurückgezogen und auf die neuen Vorschriften verzichtet. Schade eigentlich, denn Bestimmungen zum Tragen von Pyjamas und Negligés in den europäischen Betten hätten das vorherrschende Bild über die Bürokratie perfekt abgerundet. Mancher politische Beobachter in Brüssel fragt sich nun besorgt, ob etwa die Bürokratie in Europa plötzlich laxer wird und auch mal alle fünfe gerade sein lässt.

Nach dem Kenntnisstand des Komitees gibt es in einigen Mitgliedsländern durchaus «risikoreiche Tragegewohnheiten». So seien Engländerinnen für ihre Vorliebe von Polyesternegligés bekannt, die «bei der morgendlichen Zubereitung von Teewasser am Gasherd leicht Feuer fangen» könnten. In Deutschland werde dagegen häufig Baumwolle bevorzugt. Vor Entflammbarkeit könnte Baumwolle allerdings nur mit ökologisch bedenklichen Mitteln geschützt werden.

Mit einer derartigen Verordnung hätten die Normbürokraten überdies in die Gestaltung von Mode eingegriffen, jedenfalls bei der Nachtwäsche. So sollten Pyjamahosen nach den geplanten Normen am unteren Saum nicht weiter geschnitten sein dürfen als am Knie.

Nichtigkeit

«Nichtigkeit» liegt dann vor, wenn ein Bescheid oder Vertrag gar nicht entstanden ist und keinerlei rechtliche Wirkungen eingetreten sind. Das Vereinbarte gilt von Anfang an nicht. Im Strafverfahren können Urteile wegen bestimmter Nichtigkeitsgründe (Verfahrensfehler) durch Rechtsmittel (Nichtigkeitsbeschwerde) angefochten werden. Die Unwirksamkeit/Nichtigkeit kann zurückwirken und dazu führen, dass der Rechtsakt so behandelt werden muss, als sei er nie existent gewesen («Nichtigkeit ex tunc»). Entfaltet ein Ereignis seine Wirkung hingegen nicht rückwirkend, sondern für die Zukunft, spricht man von einer «Wirkung ex nunc».

Beispiel: Wird eine Ehe für nichtig erklärt, gilt dies rückwirkend («ex tunc»), sodass die Ehegatten von Anfang an

N

als nicht verheiratet gelten. Bei einer Scheidung wird die Ehe hingegen «ab jetzt» («ex nunc») aufgelöst.

Norm

Im Allgemeinen bedeutet Norm «Regel» oder «Richtschnur». Eine technische Norm ist beispielsweise die Festlegung der Eigenschaften von technischen Einheiten (zum Beispiel Geräten, Bauteilen, Systemelementen), aber auch von technischen Schnittstellen, Prozessen und Messverfahren. Normen sind allseits anerkannte und durch ein offizielles Normungsverfahren beschlossene und allgemeingültige Regeln.

Das kann man aber auch viel komplizierter ausdrücken, denn für die Definition einer Norm gibt es selbstverständlich auch die entsprechende Normvorschrift. Dazu die europäische Norm EN 45020: Eine Norm ist ein «Dokument, das mit Konsens erstellt und von einer anerkannten Institution angenommen wurde und das für die allgemeine und wiederkehrende Anwendung Regeln, Leitlinien oder Merkmale für Tätigkeiten oder deren Ergebnisse festlegt, wobei ein optimaler Ordnungsgrad in einem gegebenen Zusammenhang angestrebt wird». Und weiter: «Normen sollten auf den gesicherten Ergebnissen von Wissenschaft, Technik und Erfahrung basieren und auf die Förderung optimaler Vorteile für die Gesellschaft abzielen.»

O

Oberflächenwasser

Was könnte das nur sein? Wasser auf der Oberfläche? Wo
kommt es her, wo fließt es hin? Es geht hier um Regen, um
ganz normalen Niederschlag. Da jedoch der Regen nicht unbedingt gleich wieder verschwindet, sondern sich sammelt,
muss sich eine Behörde dringend darum kümmern, am besten in einer Abwasserbeseitigungsgebührensatzung. Clever:
So lässt sich Regen zu Geld machen. Wie beispielsweise in
Flensburg, § 1 der Abwasserbeseitigungsgebührensatzung:
«Die Stadt erhebt zur Deckung der Kosten der laufenden
Unterhaltung der Einrichtungen zur Abwasserbeseitigung
Benutzungsgebühren für die Inanspruchnahme der öf-
fentlichen Abwasseranlagen, und zwar als getrennte Ver-
anlagung von Schmutz- und Oberflächenwasser.» Je mehr
Regen, desto mehr Gebühren.

Obwaltende Umstände

Der Begriff «unter den obwaltenden Umständen» ist gleichbedeutend mit «unter diesen Umständen».

Öffentlicher Glaube

Keine Frage der Konfession, sondern ein Begriff aus dem
Baurecht. Da ein Grundbuch nicht zu jeder Tages-, Nacht-
und Uhrzeit auf dem neuesten Stand sein kann, haben Verwaltungsjuristen als Ersatz für die absolute Wahrheit den
«öffentlichen Glauben» eingeführt. Das bedeutet, dass das
Grundbuch immer recht hat, bis das Gegenteil erwiesen
ist.

Organmandat

Damit Strafmandate und Bußgelder auch eingetrieben werden können, verfügen Behörden über das Organmandat. Dieses Mandat gilt nur für die rechtliche Zuständigkeit der Behörde. So darf die Straßenverkehrsbehörde nicht die Zweitwohnungssteuer eintreiben und das Finanzamt keine Bußgelder wegen Falschparkens kassieren.

Organverwalter

Das ist kein Chirurg, der in seinem Krankenhaus die entfernten Lungenflügel oder die Herzen verwaltet, die zur Transplantation vorgesehen sind. Organverwalter ist vielmehr in vielen Gemeinden der Stellvertreter des Bürgermeisters. Denn der Bürgermeister ist ein Organ der Gemeinde. Im Gegensatz zum Gemeindedirektor, der kein eigenständiges Organ der Gemeinde ist, sondern Organverwalter für den Bürgermeister. Also: Der Bürgermeister ist das Organ, der Gemeindedirektor der Organverwalter.

P

Parteienverkehr

Als Parteienverkehr werden jene Zeiten bezeichnet, zu denen man persönlich bei einer Behörde vorsprechen und Anträge einreichen kann. Also die Öffnungszeiten der Behörden, im Süden der Republik auch «Amtsstunden» genannt.

Passive Bestechung

Bestechung ist selbstverständlich verboten und kann nach § 334 des Strafgesetzbuches mit bis zu fünf Jahren Freiheitsstrafe geahndet werden. Dabei wird zwischen aktiver (Angebot eines Vorteils wie Geld oder Urlaubsreise) und passiver Bestechung (Annahme des Vorteils wie Geld oder Urlaubsreise) unterschieden. Bis vor einiger Zeit konnten in der Bundesrepublik Bestechungsgelder, in diesen Fällen vornehm als «Zuwendungen im Geschäftsverkehr» bezeichnet, steuerlich geltend gemacht werden.

Bestechung ist durchaus üblich, wie der *Code of Conducts* der Deutschen Post AG belegt:

«Regionale Direktoren können in Ausnahmefällen, unter klar vorgegebenen Bedingungen, die in regionalen Richtlinien und Regelungen festgelegt sind, und ausschließlich in Ländern, in denen solche Zahlungen nicht gesetzlich untersagt sind, solche finanziellen Zuwendungen an Dritte ausnahmsweise genehmigen – jedoch nur unter der Voraussetzung, dass es sich um geringe Barbeträge oder kleine Geschenke im Rahmen örtlicher Gepflogenheiten handelt und sie ausschließlich dazu dienen, routinemäßige Geschäftsabläufe sicherzustellen oder zu beschleunigen.»

Nach wie vor dürfen übrigens Abgeordnete bestochen werden, sie machen sich durch die Annahme von Geld oder anderen Zuwendungen nicht strafbar.

Paste

Aus der Zeitschrift *Gewerblicher Rechtsschutz und Urheberrecht*: «Eine für eine weiße Paste mit zwei unterschiedlich blauen Streifen hinterlegte Marke verletzte nicht eine für eine weißblaue Paste hinterlegte Marke. Eine für eine weiße, mit zwei verschiedenen Farben gestreifte Paste hinterlegte Marke verletzt nicht zwei Marken, die jeweils für eine weiße mit je einer dieser Farben gestreifte Paste hinterlegt sind. Auch liegt mangels Verwechslungsgefahr keine unerlaubte Nachahmung vor.»

Personalvereinzelungsanlage

Sicher ist: Hier geht es weder um das reformierte Scheidungsrecht noch um die Unterbringung in einer Justizvollzugsanstalt und schon gar nicht um die Verbringung von Wartezeiten in unterschiedlichen Kabinen beim Vertrauensarzt. Es handelt sich vielmehr um ein Drehkreuz, entweder schlicht oder mit allen möglichen Schikanen für diejenigen, die einzeln da durchmüssen.

Als Verursacher dieses Wortmonstrums scheiden hier ausnahmsweise Bürokraten mit Beamtenstatus aus. Der Begriff ist von Sicherheitsfirmen in jahrelanger Geheimarbeit entwickelt und in die Kataloge eingeschleust worden.

Personalrat

Der Deutsche Lehrerverband, Landesverband Hessen, teilt mit: «Besteht ein Personalrat aus einer Person, erübrigt sich die Trennung nach Geschlechtern.»

Persönliches

Gelesen auf einem Formular im Postgirodienst: «Persönliche Angaben zum Antrag sind freiwillig. Allerdings kann der Antrag ohne die persönlichen Angaben nicht weiterbearbeitet werden.»

Petzprämie gegen Hundekot

Eine ungewöhnliche Methode zur Bekämpfung von Hundekot auf Bürgersteigen, Rasenflächen und Kinderspielplätzen hat sich der Bürgermeister der Kleinstadt Rehau in Franken einfallen lassen: Die Stadtverwaltung zahlt eine Petzprämie für Hundehaufen.

Wer einen brauchbaren Hinweis auf einen Hundebesitzer gibt, der die Hinterlassenschaft seines Tieres nicht beseitigt, bekommt eine Belohnung von 20 Euro. Der Hundebesitzer muss durch die Aussage ermittelt werden können; er muss dann mit einem Bußgeld von bis zu 150 Euro rechnen. Wer die Prämie kassieren will, muss also den Verursacher kennen oder ihn notfalls bis nach Hause verfolgen, um an die Adresse zu kommen.

Andere Politiker hatten in der Vergangenheit bereits eine DNS-Pflicht für Hunde gefordert. Jeder Hundehalter müsste dann verpflichtet werden, etwa bei der Anmeldung zur Hundesteuer eine Speichelprobe seines Hundes abzugeben. Die genetischen Daten des Hundes würden dann gespeichert werden. Bei jedem liegen gelassenen Hundehaufen könnte der Verursacher und damit der Hundehalter eindeutig identifiziert werden. Allerdings müssten sich dann auch genügend Kontrolleure finden, die tagtäglich Hundekot analysieren. Außerdem gibt es für die DNS-Analyse von Hundekot bisher keine rechtliche Grundlage, deswegen ist es auch bisher nur bei dieser populären Forderung geblieben.

Pizza

Pizzabäcker aus Neapel können sehr hartnäckig sein und viel zäher als ihr Teig. Nach jahrelangem Ringen vor und hinter den Kulissen steht das Anliegen der Vereinigung «Pizza Napoletana» kurz vor dem politischen Durchbruch: Die Europäische Union soll die Pizza Napoletana unter ihren besonderen Schutz stellen und ihre Zubereitung so detailliert vorschreiben, dass niemand gegen die Pizzabäcker aus Neapel eine Chance hätte. Fraglich allerdings, ob selbst die Pizzabäcker ihre eigenen Vorgaben hundertprozentig erfüllen könnten – so streng sind die Auflagen.

Als Entwurf liegt die Verordnung Nr. 509/22006 «Pizza Napoletana» bereits vor. Danach muss die Pizza als eine «backförmige Backware einen variablen Durchmesser von höchstens 35 Zentimetern aufweisen»; das Innere der Pizza ist «0,4 Zentimeter dick, wobei eine Toleranz von plus/minus 10 Prozent zulässig ist». Beim Pizzaboden sind Schwankungen von 0,8 Millimetern erlaubt. Und weiter: «Der Teigrand ist 1 bis 2 Zentimeter dick. Die Pizza ist insgesamt weich und elastisch und lässt sich leicht wie ein Buch zusammenschlagen.» Nach der dann verschriebenen Verteilung der Tomatenmasse auf der Innenfläche durch eine «spiralförmige Bewegung» werden 4 bis 5 Gramm Olivenöl mit einer zulässigen Toleranz von höchstens 20 Prozent aufgetragen.

Beim Verzehr der Pizza sind sogar die gewünschten Empfindungen der Sinne festgeschrieben: «Sie ist beim Anfassen und im Biss weich. Ihr Inneres hat einen Belag, auf dem das Rot der perfekt mit dem Öl vermischten Tomate und, je nach verwendeten Zutaten, das Grün des Oregano und das Weiß des Knoblauchs ins Auge fallen, ebenso das Weiß des Mozzarella in mehr oder minder dicht beieinanderliegenden Flecken und das durch das Garen mehr oder weniger dunkle Grün der Basilikumblätter.» Es handelt sich nicht um eine prosaische Anleitung eines italienischen Kochbuches, sondern immer noch um den Text aus der angestrebten EU-Verordnung. Diese hatte übrigens schon vor Inkrafttreten Folgen: Nur auf wenigen Speisekarten taucht die Pizza Napoletana inzwischen überhaupt noch auf, viele Pizzabäcker wollen sich offenbar lieber erst gar nicht mit ihren Kollegen aus Neapel anlegen. So könnte ein ganz neues Monopol entstehen.

Und Europas Lebensmittelkontrolleure müssten nachrüsten: um zunächst mit viel Zeit die korrekte Ausführung der «spiralförmigen Bewegung» beim Belegen der Pizza zu kontrollieren und dann noch mit Lasermessgeräten Dicke und Länge der servierten Pizza zu messen. Bis alle Kontrollen abgeschlossen sind, ist die Pizza vermutlich schon kalt. Und die Regulierungswut schlägt einem mal wieder so richtig auf den Magen.

Planung

Es geht doch nichts über eine sorgfältige Planung, wie aus einer Drucksache zur «Satzung zur Begründung eines besonderen Vorkaufsrechts» der Stadtverwaltung Lengerich hervorgeht: «Zur Sicherung der Kontinuität der Planung und zur sinnvollen Koordination der Ressortplanungen wurde der Rahmenplan als Entwicklungsplan vorgegeben, um bei nachfolgenden Detailplanungen für Teilbereiche des Geltungsbereiches des Rahmenplanes diese Planungen aus dem Rahmenplan zu entwickeln und die Ziele dieses Planes zu verfolgen.» Fragt sich nur, wer da am Ende noch einen Plan hat.

Polizeideutsch

Die Entwicklung zum Amtskauderwelsch macht auch vor den Ordnungshütern nicht halt. Polizisten, ob mit oder ohne Uniform, pflegen eine Art Geheimsprache, die sich fortlaufend weiterentwickelt und jedes Jahr um einige Wörter wächst.

Hier für alle, die nicht bei der Polizei sind, die wichtigsten Übersetzungen. Denn irgendwann könnte es jeden treffen:

Eignungsauswahlverfahren: Einstellungstest
kleiner Sicherheitsorganisationsdienst: Streifendienst
Mehrzweckeinsatzstab: Schlagstock
Postwertzeichen: Briefmarke
Reizstoffsprühgerät: Pfefferspray
Rundumtonkombination: Blaulicht und Martinshorn
Schließzangen: Handschellen
Strafregisterbescheinigung: Führungszeugnis
Versagung: Ablehnung

Postwertzeichen

Wer sich stets um eine korrekte Wortwahl besonders im Umgang mit Behörden bemüht, steht irgendwann vielleicht auch vor dieser Frage, was denn nun richtig sei: Briefmarken oder Postwertzeichen? Diese Fragestellung mag im Postamt gar nicht mehr entscheidend sein; dort bekommt man mittlerweile fast alles, auf Wunsch auch immer noch Postwertzeichen oder die Sonderserien von Briefmarken.

Doch streng genommen gibt es keine Postwertzeichen mehr. Bis 1994 gab die Deutsche Bundespost als Staatsorgan der Bundesrepublik Deutschland «amtliche Postwertzeichen» heraus. Dies war der offizielle Rechtsbegriff, der auch das Verbot der Fälschung beinhaltete. Aus der

Bundespost ist inzwischen die privatrechtliche «Deutsche Post Aktiengesellschaft» geworden, und seitdem werden «Briefmarken» ausgegeben. Die Fälschung bleibt trotzdem verboten. Es ist keine Wertzeichenfälschung mehr, sondern Urkundenfälschung.

AKTENNOTIZ VII/1

Politikerdeutsch

Wie sage ich das Gegenteil von dem, was ich eigentlich meine, schneide dabei auch noch gut ab und sehe in der öffentlichen Darstellung blendend aus? Die Herausforderungen für Politiker sind heutzutage enorm. Lange Stunden des Tages verbringen sie in Gremien und auf drögen Sitzungen, lesen Gesetzestexte im perfekten Behördendeutsch und sind gezwungen, auch beim langweiligsten Redner nicht einzuschlafen.

Doch wenn die Sitzung zu Ende ist, ist schlagartig eine andere Fähigkeit gefragt: schnelles, spontanes Formulieren, witzig-unterhaltsam, auf jeden Fall lebensnah. Zwanzig bis dreißig Sekunden sind bei Rundfunk und Fernsehen die Höchstlängen für die Originaltöne der Politiker, dadurch sind auch schon mal geistige Grenzen gesetzt. Da verrutschen auf die Schnelle die Sprachbilder, die Vergleiche sind nicht durchdacht, und die Aussagen widersprechen sich. Häufig führen die Versuche der Politiker, der ihnen sonst vertrauten Behördensprache zu entkommen, zurück in die Fänge derselben. So wie beim ehemaligen SPD-Vorsitzenden Kurt Beck, der den Amtsschimmel auch im Scheinwerferlicht nicht abschütteln konnte: «Ich wünsche mir eine deutliche Verlebendigung der inhaltlichen Diskussion.» Mit diesen Worten weckte er sicherlich keinen geistigen Heißhunger auf das neue Grundsatzprogramm seiner Partei. Oder das Sprachbild hängt schief wie bei Bundesbildungsministerin Annette Schavan: «Wer den Zeitgeist heiratet, wird schnell Witwe.»

Die eigenen Wählergruppen dürfen nicht enttäuscht werden, deshalb ist hier eine wortreiche Verpackung besonders wichtig. Vor diesem Problem stand auch der damalige Finanzminister Hans Eichel (SPD), der seinen Genossen in der Partei die beschlossenen Sozialkürzungen nur schonend beibringen wollte: «Wir haben eine enorme Entlastung oben in vielen Fällen, und wir haben tendenziell eine Belastung unten.» Übersetzt hätte der Finanzminister eigentlich sagen müssen: Genossen, ab jetzt zahlen die Reichen weniger und die Armen mehr.

Wenn sich Politiker doch der Behördensprache bedienen, wird es bisweilen richtig gruselig. «Begrüßungszentren» als Bezeichnung für Sammellager für Flüchtlinge aus Afrika – eine Wortschöpfung, die an den Roman *1984* von George Orwell erinnert. Hier eine keinesfalls vollständige Übersicht der Wortschöpfungen aus der Sprachwelt der Politiker:

Aufenthaltsbeendende Maßnahmen: Abschiebung

Begrüßungszentren: Wortschöpfung des früheren Innenministers Otto Schily für Sammellager für Afrikaner, die nach Europa wollten und an den Grenzen oder auf Hoheitsgewässern aufgefunden und festgenommen wurden.

Beitragsanpassung: Gemeint ist die nächste Erhöhung.

beitragsintensiv: Das wird teuer.

belastbar: Da ist noch mehr herauszuholen.

Diätenanpassung: Die nächste Erhöhung der Diäten steht unmittelbar bevor.

Doppelmandat: Hier kassiert ein Abgeordneter zweimal. Zum Beispiel durch einen Sitz im Bundestag und gleichzeitig in einem Landtag. Dieser Doppelverdienst durch Doppelmandat wird dem Wähler dann als Beleg der Unersetzlichkeit des doppelt bezahlten Politikers verkauft.

Doppik: doppelte kaufmännische Buchführung in Konten, unter Finanzpolitikern ein gebräuchliches Wort.

Ehrenwort: Uwe Barschel war der Letzte, der davon sprach.

Eigenverantwortung: Das sollen die Leute mal schön allein hinkriegen, denn ein Politiker kann sich ja nicht um alles kümmern.

eklatantes Exzellenzdefizit: wenn Frauen in der Wissenschaft nicht gleichbehandelt werden und beispielsweise weniger Forschungsaufträge als ihre männlichen Konkurrenten bekommen.

Entsorgungspark: Lager für Atommüll, der in Jahrhunderten noch gefährlich ist.

Evaluation: Bewertung, Beurteilung

freisetzen: entlassen. Da diese Übersetzung inzwischen vielen geläufig ist, sucht der gewiefte Politiker in diesem Fall nach einer anderen Formulierung, um am Ende nicht von seinen Wählern freigesetzt zu werden.

Haushaltsvorbehalt: ein Wahlversprechen unter späterer Berücksichtigung des Etats. Mit anderen Worten: der beste Grund, ein Versprechen zu brechen.

P

Herausforderung: schon wieder ein Problem, das wir kaum lösen können.

Investivlohn: Beteiligung der Mitarbeiter am Kapital des Unternehmens.

Kompetenzkern: konzentriertes Fachwissen, Modewort der Politiker.

Kopfprämie: gleicher/einheitlicher Gesundheitsbeitrag für alle.

kostenintensiv: Das wird wieder mal teuer.

Migration: Für alle wäre es einfacher, frank und frei über Einwanderung zu reden. Weniger wissenschaftliches Getöse ist manchmal mehr.

Minustilgung: Verschuldung

Minuswachstum: Es geht abwärts, Rückgang droht.

Nullwachstum: auch nicht viel besser.

Pensionsharmonisierung: Es geht um die eigene Pension, die erhöht werden soll, um die Grundharmonie der Politiker aufrechtzuerhalten.

Schadstoffemission: Luftverschmutzung

Sondierungsgespräche: Da geht es zu wie bei allen anderen Gesprächen auch. Mindestens zwei Menschen sprechen miteinander und bemühen sich um eine Klärung. Ein Politiker aber klärt grundsätzlich nicht auf, sondern sondiert.

Subsidiaritätsfrühwarnsystem: frühe Erkennung der Zuständigkeitsebene. Besser gesagt: Wenn die zuständige Behörde oder Abteilung mitbekommt, dass sie jetzt gefordert ist und dies auch rechtzeitig bemerkt.

Synergieeffekte: Durch Zusammenlegung kann gespart werden.

AKTENNOTIZ VII/2

Politische Poeten

Sechzig Jahre Bundesrepublik. Dies ist ein schöner
Anlass, an die Verdienste unserer Politiker um die Sprach-
kunst zu erinnern. Denn so manches Mal konnten die
Politiker in den vergangenen Jahrzehnten der Beamtensprache tatsächlich entrinnen und überzeugten durch
geistreiche Formulierungen. Nachfolgend einige der
besten:

*Der ehemalige Bundespräsident Heinrich Lübke bei einem
Staatsbesuch in Afrika: «Meine sehr verehrten Damen und
Herren, liebe Neger ...»*

*Konrad Adenauer, erster Bundeskanzler der Bundes-
republik Deutschland: «Wir leben alle unter dem gleichen
Himmel, aber wir haben nicht alle den gleichen Horizont.»*

*Helmut Kohl, letzter Bundeskanzler der alten Bundes-
republik Deutschland: «Den Deutschen in der DDR kann
ich sagen, was auch Ministerpräsident de Maizière betont
hat. Es wird niemandem schlechter gehen als zuvor, dafür
vielen besser.»*

*Franz Josef Strauß, unter anderem Verteidigungsminister,
Kanzlerkandidat, CSU-Vorsitzender und bayerischer Ministerpräsident: «Einfach reden, aber kompliziert denken
– nicht umgekehrt.»*

*Helmut Schmidt, Bundeskanzler: «Wer Visionen hat, sollte
zum Augenarzt gehen.»*

*Joschka Fischer, Bundestagsabgeordneter der Grünen,
später Außenminister, zum Bundestagsvizepräsidenten*

Richard Stücklen: «Mit Verlaub, Herr Präsident, Sie sind ein Arschloch.»

Otto Schily, ehemaliger Bundesinnenminister: «Wer Musikschulen schließt, schadet der inneren Sicherheit.»

Angela Merkel über die Regierungsbildung mit der SPD Ende 2005: «Dies ist eine Aufgabe, die mindestens die Quadratur des Kreises, wenn nicht die Kugelmachung des Würfels bedeutet.»

Javier Solana, EU-Kommissar, nach einer Konferenz im Mai 2007: «Alles, was wichtig war, ist schon gesagt worden, aber ich möchte noch ein paar Dinge sagen.»

Dr. Günter Krings, CDU/CSU-Bundestagsfraktion: «Dieser Vergleich mag wie viele Vergleiche hinken, aber auch ein Vergleich, der hinkt, geht.»

Peer Steinbrück als NRW-Ministerpräsident: «Die Verteilung von Schlaubergern und Deppen in den Parteien entspricht ziemlich genau der Normalverteilung der Bevölkerung.»

Klaus Ernst, Die Linke, im Bundestag: «Ihre Aussagen haben die Halbwertszeit von Einwegunterwäsche.»

Saarlands Ministerpräsident Peter Müller: «Im Vergleich zu Oskar Lafontaine war Pinocchio ein Ausbund an Wahrheitsliebe.»

Christian Ude, Oberbürgermeister von München: «Früher wusste man bei einer Wahl in Bayern schon vorher, wer Ministerpräsident wird. Jetzt weiß man es nicht mal hinterher.»

R

Rasenmäher

Kurz nach Mitternacht mit dem Rasenmäher durch den Garten knattern und mit Getöse die Nachbarn aufwecken – das geht selbstverständlich nicht. Wann gemäht werden darf, das hat bisher die Bundesimmissionsschutzverordnung geregelt. Nach allen frei zugänglichen Statistiken hat es in den vergangenen Jahren bei den Verstößen gegen den Lärmschutz keine besorgniserregende Anhäufung gegeben. Rasenmäher werden als Tatwerkzeuge doch eher selten von Polizei und Staatsanwaltschaft aus dem Verkehr gezogen.

Doch man kann ja nie wissen, ob es nicht irgendwann ganz anders kommen könnte. Und deshalb hat auch die EU kürzlich Vorschriften erlassen, die jeden Hobbygärtner in den Mitgliedsstaaten direkt betreffen. So wurden für insgesamt 57 Gartengeräte strenge Nutzungszeiträume festgeschrieben. Ein Rasenmäher mit Benzin darf nicht zu den gleichen Zeiten eingesetzt werden wie beispielsweise eine Heckenschere, Elektromäher wiederum sind anderen Regelungen unterworfen als Bohrer oder Motorfräsen.

Die meisten der 57 aufgeführten Geräte und Maschinen dürfen an Sonn- und Feiertagen gar nicht und an Werktagen nicht in der Zeit von 20 bis 7 Uhr morgens im Freien betrieben werden. Graskantenschneider, Laubbläser und Laubsammler sind nur von 9 bis 13 Uhr und von 15 bis 17 Uhr einzusetzen. Tragen diese Geräte allerdings das grünblaue EU-Umweltzeichen (eine Pflanze mit EU-Sternen), entfallen die eben genannten Einschränkungen. Für Rasenmäher mit Benzinantrieb als auch für die mit Elektromotor gelten übrigens die gleichen Lärmgrenzwerte – höchstens 103 Dezibel.

Wer beim Rasenmäher auf Nummer sicher gehen will, sollte sich vorher neben der EU-Vorschrift und der Bundesimmissionsschutzverordnung auch mit dem Orts- und Gemeinderecht befassen, die einige Abweichungen von den Zeiten durchaus zulassen. Geheimtipp am Rande: auf die eigene Muskelkraft setzen. Für Handmäher gelten diese Auflagen nämlich nicht – damit kann man sogar nachts seinen Rasen mähen, ohne gegen EU-Vorschriften zu verstoßen.

Räuber

Aus dem *Kommentar zum Strafgesetzbuch*: «Dagegen begeht keine Erpressung, wer damit droht, das Opfer niederzuschlagen, sofern es nicht die Brieftasche hergebe. Der Räuber im Wald ist daher tatsächlich ein Räuber, nur drückt er sich unpräzise aus, wenn er fordert: Geld oder Leben. Er meint tatsächlich: Geld oder Leben *und* Geld.»

Raumübergreifendes Großgrün

Darunter versteht man eine Eiche, eine Tanne, eine Pappel vielleicht auch – aber immer einen Baum. Vor allem Landschaftsplaner sind für diese Überwucherung der Sprache verantwortlich. Vermutlich dachten die Ersten dieser Unworterfinder an das bekannte Chanson der viel zu früh verstorbenen deutschen Schlagersängerin Alexandra. Einst muss es so gelautet haben: «Mein guter Bekannter, das raumübergreifende Großgrün, ist für immer von uns gegangen.»

Raumumschließungsfläche

Die Fläche, die sich zwischen den Wänden befindet. Völlig korrekter Ausdruck im Sinne der Beamtensprache. Denn schließlich wird ja die Fläche eines Raumes umschlossen.

Rechtsauffassung

Wenn sich ein Gericht mal irrt, sollte es schon vorher die Rechts- und Staatsanwälte, die an der betroffenen Gerichtsverhandlung beteiligt sind, über den Irrtum aufklären. Also vor der Verkündung des Urteils, das durch einen Irrtum zustande kommt. So die Rechtsprechung des Landgerichtes Hamburg, zitiert in der *Neuen Juristischen Wochenzeitschrift*: «Beabsichtigt ein Gericht, seiner Entscheidung eine unvertretbare Rechtsauffassung zugrunde zu legen, dann ist es gemäß § 139 ZPO verpflichtet, hierauf vorab hinzuweisen, damit es von der betroffenen Partei auf den Rechtsirrtum hingewiesen werden kann. Eine Versäumung dieses Hinweises führt zur Aufhebung und Zurückweisung.»

Restmüllbehältervolumenminderung

Es geht also um Müll, um den Rest des Mülls. Und es gibt grüne, gelbe, braune und schwarze Mülltonnen. Der Restmüll kommt in die schwarze Tonne, die mit einem Volumen von 80 oder 60 oder 40 Litern gegen die jeweiligen Gebührensätze von der Gemeinde bereitgestellt und abgeholt wird.

Eine Tonne ist für eine Behörde aber keine Tonne, sondern ein Behälter. Und da haben wir schon die Übersetzung: Wer eine kleinere Mülltonne für seinen Restmüll möchte und so Gebühren sparen will, muss diese Restmüllbehältervolumenminderung bei der zuständigen Behörde beantragen. Ein ganz langes, missverständliches Wort – aber die von der

Behörde wissen dann sofort, worum es geht. Im Gegenteil zum Bürger, der auf seiner zu großen Mülltonne sitzt.

Reziprozitätszuschlag

Bei diesem Wort in Zusammenhang mit einer Rechnung liegt die Urheberschaft bei der Telekom. Deren Kunden, die mit einem Teilnehmer aus einem fremden Netz telefonieren, müssen nämlich auf die Gebühren einen Zuschlag zahlen.

Wer darüber in seiner Rechnung stolpert und auch noch die Geduld hat, Hotline und Warteschleife zu überstehen, kann sich die Begründung anhören: Da musste leider der Reziprozitätszuschlag erhoben werden.

Rinderkennzeichnungs- und Rindfleisch-etikettierungsüberwachungsaufgaben-übertragungsgesetz

Mit 86 Buchstaben stellt dieses Gesetz aus Mecklenburg-Vorpommern den Rekord in diesem Buch auf. Kein Gesetzestitel ist ausschweifender. Dabei geht es eigentlich nur um die Aufgabenübertragung von EU-Verordnungen ans Landesrecht. Also noch nicht einmal ein Eigengewächs, dieses Gesetz. Auf Zitate aus dem Gesetz soll hier gnädigerweise verzichtet werden. Es ist offenbar ohnehin eher für Rindviecher geschrieben.

Rindfleisch

Aus dem *Bundesgesetzblatt*: «Die Verarbeitungsverordnung *Interventionsrindfleisch* vom 26. Oktober 1977 (BGBl. I S. 1915), geändert durch die Verordnung vom 29. Oktober 1978 (BGBl. I S. 1716), wird wie folgt geändert: 1. In der Überschrift wird die Kurzbezeichnung wie folgt gefasst: Interventionsrindfleisch-Verarbeitungsverordnung.»

Ruhegeld

Aus einem Brief der Versorgungsanstalt des Bundes und der Länder: «Wir bitten nochmals um Mitteilung, ob Sie gegen die Stadt einen Anspruch auf laufende Versorgung oder versorgungsähnliche Bezüge auf Grund einer vor dem Inkrafttreten dieser Satzung durch Rechtsverordnung oder Dienstordnung erlassenen oder durch Tarifvertrag vereinbarten Ruhelohnordnung oder Ruhegeldbestimmung haben und die Ruhelohnordnung oder die Ruhegeldbestimmung eine Anrechnung der Rente aus der gesetzlichen Rentenversicherung und den Leistungen der Anstalt auf die Leitungen nach der Ruhelohnordnung oder der Ruhegeldbestimmung vorsieht und das Arbeitsverhältnis spätestens am Tage vor dem Inkrafttreten dieser Satzung begonnen hat.»

R

Säumnisbeschwerde

Die Säumnisbeschwerde richtet sich gegen die Untätigkeit einer Verwaltungsbehörde – weil sie es versäumt, zu handeln, obwohl sie handeln müsste.

Wenn die Baubehörde bei der Erschließung eines Grundstückes nicht mitzieht, könnte das zum Beispiel der Grund für eine Säumnisbeschwerde sein. Es können nur die Bürger klagen, die konkret von der Versäumung betroffen sind.

Schadensersatzanspruch

Was ist davon zu halten, wenn ein Beamter zu viel arbeitet? Das Bundesverwaltungsgericht hat sich mit dieser höchst interessanten, weil höchst seltenen Fragestellung eingehend befasst. Es ging um die Klage einer Beamtin, die nach eigener Darstellung mehr als die vorgeschriebenen 38,5 Dienststunden gearbeitet hat und nun einen Freizeitausgleich verlangte. Ihre Dienststelle hatte aber laut eigener Angabe diese Mehrarbeit gar nicht angeordnet. Urteil des Gerichtes: Ein Schadensersatzanspruch wegen der Verletzung der allgemeinen Pflicht, von der Beamtin nur einen Dienst in der gesetzlich vorgesehenen Dauer zu fordern, scheitere daran, dass zusätzlich geleisteter Beamtendienst kein Schaden sei.

Schnee

Aus der Straßenreinigungssatzung der Stadt Oberhausen: «Bei Straßen mit einseitigem Gehweg sind sowohl die Eigentümer und Besitzer der auf der Gehwegseite befindlichen

Grundstücke als auch die Eigentümer und Besitzer der auf der gegenüberliegenden Straßenseite befindlichen Grundstücke zur Schneeräumung des Gehweges verpflichtet.»

Schnullerketten

Die EU-Norm für Schnullerketten (DIN EN 12586) regelt auf 52 Seiten sowie in acht Kapiteln und jeweils bis zu 40 Unterpunkten die Konstruktion einer Schnur für Babyschnuller. Dabei steht schon im Vorwort, dass Unfälle mit Schnullern äußerst selten und tödliche Unfälle so gut wie nicht bekannt sind.

Schutzfrist

Schutzfrist bedeutet, dass Arbeitnehmerinnen in den letzten acht Wochen vor der Geburt sowie acht Wochen nach der Geburt nicht beschäftigt werden dürfen. Kommt das Kind früher als erwartet auf die Welt, so verlängert sich diese achtwöchige Schutzfrist um die Anzahl jener Tage, um die das Kind früher geboren wurde, jedoch sind 16 Wochen das Maximum.

Schwebend unwirksam

Getätigte Rechtsgeschäfte oder Verträge sind so lange als «schwebend unwirksam» zu bezeichnen, bis sie endgültig wirksam sind oder volle Gültigkeit erlangen. Beispiel: Minderjährige können Rechtsgeschäfte abschließen und nachträglich die Zustimmung eines Elternteils oder beider Eltern einholen. Bis zu diesem Zeitpunkt ist das Geschäft «schwebend unwirksam».

Schwengelrecht

Das klingt ja irgendwie nach Schweinkram, was sich da die Ostfriesen im Landkreis Leer ausgedacht haben. Was soll das bedeuten? Wer einen Schwengel hat, hat immer recht? Der Reihe nach: Da wir die Bedeutung von «Einfriedungen» schon kennengelernt haben, ist die Mitteilung im *Amtsblatt* des Landkreises Leer fast verständlich. Aber eben auch nur fast: «Bei der Errichtung von Einfriedungen aus totem Material sowie bei der Anpflanzung von Hecken, Bäumen und Sträuchern sind hinsichtlich der Grenzabstände die Vorschriften des Niedersächsischen Nachbarrechtsgesetzes, insbesondere das Schwengelrecht, zu beachten.»

Damit gilt dort bis heute ein uraltes Nachbarrecht aus dem 18. Jahrhundert. Schwengel wurde der Querbalken genannt, mit dem das Geschirr des Zugtieres am Pflug befestigt wurde. Durch den Schwengel konnte ein Landwirt sein Feld bis an die unmittelbare Grundstücksgrenze bewirtschaften. Denn das Rad seines Arbeitsgerätes durfte die Grenze durchaus überrollen. Damit er dieses Recht auch ausüben konnte, durfte wiederum der Nachbar sein Grundstück nicht so bepflanzen oder einzäunen, dass dies gar nicht möglich war.

Die Bewirtschaftung des Feldes hatte Vorrang, dafür stand das Schwengelrecht. Auch nach der heutigen Rechtsprechung liegt durch das Schwengelrecht keine Eigentumsstörung nach § 1004 des Bürgerlichen Gesetzbuches vor. Allerdings wird auch in Ostfriesland mit Pferd und Pflug nur noch ganz selten geschwengelt.

Seilbahngesetz

Das Bundesland Berlin hat ein Seilbahngesetz, aber keine Seilbahn, und es ist auch keine geplant. Warum dann das

Gesetz, könnte man sich fragen. Das Berliner Seilbahngesetz ist ein Musterbeispiel für die immer wieder gescholtene Überregulierung innerhalb der Europäischen Union.

Vor einigen Jahren sollte eine Richtlinie die Sicherheitsstandards für die Seilbahnen in Europa vereinheitlichen. Anders als etwa im zentralistisch gelenkten Frankreich müssen in Deutschland alle 16 Bundesländer einzeln die Richtlinie in Landesrecht umsetzen. Anfangs wehrte sich Berlin noch – ohne Gipfel in der Hauptstadt sei ein Seilbahngesetz absolut sinnlos. Mit dieser durchaus logischen Argumentation fanden die Berliner in Brüssel kein Gehör. Bei weiterem Widerstand gegen das sinnlose Gesetz sei mit einer empfindlichen Geldstrafe zu rechnen. Strafhöhe: 791 000 Euro. Daraufhin übernahm Berlin das Seilbahngesetz aus Bayern. Durch ein Gesetz, das keiner in Berlin braucht, kehrte wieder Ruhe ein.

Selbständige Grünanlage

Da sind die Behörden mal wieder sehr genau: Ein Park beispielsweise ist eine Grünanlage und deshalb selbständig, weil Bäume, Pflanzen und Wiesen auch ohne Hilfe von außen wachsen und gedeihen. Im Gegensatz zu Grünflächen auf Verkehrsinseln, die als nicht selbständig eingestuft werden.

Spontanvegetation

Es muss einmal ein Geheimtreffen aller Landschaftsplaner aus sämtlichen Gemeinden, Kreisen und Ländern dieser Republik gegeben haben, auf dem folgender Beschluss einstimmig gefällt wurde: Ab sofort gibt es kein Unkraut mehr. Wenn Derartiges nochmal wächst oder gedeihen soll, dann ist es eine Spontanvegetation. Seitdem blüht dieses Wort in allen Landschaftsplänen dieses Landes. Zum Beispiel nennt der Landschaftsplan der Stadt Gelsenkirchen für den Planungsraum 13 folgende amtliche Vorgabe: «Das Hauptziel in diesem Bereich ist die Wiederherstellung des Erscheinungsbildes der Landschaft. Die vorhandenen Landschaftselemente sind zu erhalten, zum Beispiel Spontanvegetation.»

Damit wird immerhin anerkannt, dass auch Unkraut in der Natur seinen Platz und seine Berechtigung hat. Auch wenn es Unkraut offiziell ja gar nicht mehr gibt.

Stellvertreter

Aus einem Runderlass des Bremer Bildungssenators: «Ist eine frei gewordene Stelle eines/r Schulleiters/in oder die des/r Stellvertreters/in mit der Wahrnehmung der Funktion eines/r Abteilungsleiters/in verbunden, wird die Stelle des/der Schulleiters/in oder die des/der Stellvertreters/in zusammen mit der des/der Abteilungsleiters/in ausgeschrieben. Mit dem Hinweis, dass der/die Schulleiter/in bzw. der/die Stellvertreter/in die Aufgabe eines/r Abteilungsleiters/in wahrnimmt.»

Strafregisterbescheinigung

Die Strafregisterbescheinigung gibt Auskunft über die im Strafregister eingetragenen Verurteilungen einer Person oder bescheinigt, dass keine Verurteilungen auf diese Person eingetragen sind.

Am Ende der Strafregisterbescheinigung wird die Tilgungsfrist angegeben. Findet sich dort der Satz, dass der Zeitpunkt der Tilgung nicht errechnet werden kann, so bedeutet dies, dass der Lauf der Tilgungsfrist noch nicht begonnen hat, weil eine Strafe noch nicht vollstreckt wurde.

Straßenbegleitgrün

Was begleitet viele Straßen und ist grün? Richtig: Grünstreifen am Straßenrand, auf Überwegen und Verkehrsinseln.

Straßenkörper

Was macht eigentlich eine Straße aus? Eine Frage, die keiner stellt und auf die es dennoch in der «Satzung über Erlaubnisse für Sondernutzungen in Gemeindestraßen und Ortsdurchfahrten» der Stadt Lehrte in Niedersachsen eine Antwort gibt: «Zur öffentlichen Straße gehören der Straßenkörper, der Luftraum über dem Straßenkörper, das Zubehör und die Nebenanlagen.» Erst dann ist eine Straße eine Straße!

AKTENNOTIZ VIII

Kurzeinweisung in die Beamtensprache

Sie wollen selbst noch Beamter werden, am besten gleich im höheren Dienst? Oder Ihre Kinder sollen es einmal besser haben und deshalb nach Abitur und Studium in die Beamtenlaufbahn geworfen werden? Oder wollen Sie endlich mal zurückschlagen und auf die Schreiben Ihrer Lieblingsfeindbehörde im perfekten Beamtendeutsch antworten?

Es gibt eine Reihe von guten Gründen, sich eingehend mit dem Thema zu befassen. Dieses Buch bietet an dieser Stelle eine Schnellausbildung zum Formulieren von Beamtendeutsch. Lernen Sie in aller Ruhe, Schritt für Schritt, Punkt um Punkt, die Finessen der deutschen Beamtensprache. Einige wertvolle Hinweise schon mal vorab:

S

Vermeiden Sie ab sofort Alltagsbegriffe und den einfachen Satzbau, erklären Sie Ihre Familie zum sprachlichen Versuchsfeld und nennen Sie Ihre Kinder nicht mehr Kinder, sondern die Ihnen anvertrauten Schutzpersonen.

§1
Die Länge eines Textes für eine Verordnung oder ein Gesetz steht für die Wichtigkeit. Je länger also, desto wichtiger. Wer nur wenig schreibt, hat auch nur wenig anzuordnen. Dieser Eindruck ist unter allen Umständen zu vermeiden.

§2
Alle Aussagen sollten passiviert werden. Eine aktive Benennung des Handelnden ist zu unterlassen, um den Amtscharakter zu wahren. Verben sind zu vermeiden, Fachbegriffe sollten möglichst nicht weiter erläutert oder gar erklärt werden. Sätze im Passiv sind ohnehin weitaus länger und erfüllen damit §1.

§3
Alltagsbegriffe, die jeder kennt, sind unbedingt zu vermeiden. Vielmehr ist der Aussagegegenstand so umfassend zu beschreiben, dass sämtliche Aspekte, die wahrscheinlichen, aber auch die höchst unwahrscheinlichen, enthalten sind.

Ein Text, den jeder versteht, sorgt nicht für den notwendigen Respekt vor den Kernaussagen und vor allem vor den Institutionen. So wirkt eine «forstwirtschaftliche Nutzfläche mit Waldtierbestand» auf den Leser deutlich schützenswerter als ein schnöder Wald.

§4

Der Appell an Emotionen hat zu unterbleiben. Denn eine positive Geisteshaltung des Angeschriebenen ist nicht erwünscht, da von einem grundsätzlich positiven Wesensgehalt der dargelegten Angelegenheiten und Aufgaben ohnehin nicht auszugehen ist. Der Amtston ist jederzeit zu wahren und hat Vorrang vor der Verständlichkeit.

§5

Verweisen Sie auf möglichst viele andere Gesetze und Verordnungen, die mit dem neuen Text irgendwie in Verbindung stehen könnten, und nennen Sie umfassend die betreffenden Paragraphen und Absätze.

Die entsprechende Literatur hat der betroffene Bürger garantiert nicht vorrätig und kann deshalb die Zusammenhänge nur unter erschwerten Bedingungen nachvollziehen. Das ist schon mal eine gute Ausgangslage für das ideale Verhältnis zwischen Bürgern und Beamten.

§6

Die Wörter «danke» und «bitte» sind nicht zu verwenden. Abkürzungen können dagegen nicht oft genug benutzt werden.

§7

Beim Formulieren sind Vokabeln zu vermeiden, die als negativ angesehen werden könnten. So ist «arbeitslos» durch «arbeitssuchend» zu ersetzen, eine «Erhöhung» ist grundsätzlich eine «Anpassung». Und heben Sie beim Formulieren immer wieder deutlich hervor, dass der Bürger ein Bittsteller ist.

S

Zur Übung im Alltag: Nutzen Sie jede Gelegenheit, Ihre Kenntnisse der Beamtensprache anzubringen, auch bei unpassenden Gelegenheiten. Ein Beispiel: Aus «Ich brauche Geld» wird so: «Es mangelt zurzeit an finanziellen Rücklagen, die für einen allgemeinen Lebensbedarf zweckmäßig wären, deshalb ist man nicht in der Lage, dies ohne Inanspruchnahme fürsorglicher Leistungen zum Unterhalt zu regulieren.»

Haben Sie Geduld, wenn Ihre Formulierungen auf Unverständnis treffen. Das haben Sie oft genug ja schon am eigenen Leibe erfahren.

T

Tod

Das *Bundessteuerblatt* klärt auf: «Es ist nicht möglich, den Tod eines Steuerpflichtigen als dauernde Berufsunfähigkeit im Sinne von § 16 Abs. 1 Einkommensteuergesetz zu werten und demgemäß den erhöhten Freibetrag abzuziehen.» Kurze Ergänzung aus dem Bundesreisekostengesetz: «Stirbt ein Bediensteter während einer Dienstreise, so ist damit die Dienstreise beendet.» Und nicht zu vergessen: «Der Tod stellt aus versorgungsrechtlicher Sicht die stärkste Form der Dienstunfähigkeit dar.» In diesem Fall gilt folgende Vorschrift der Kriegsgräberfürsorge: «Die Fürsorge umfasst den lebenden Menschen einschließlich der Abwicklung des gelebt habenden Menschen.»

Träger öffentlicher Belange

Sie sind die stolzen Träger der öffentlichen Belange und stehen dennoch nicht Spalier beim nächsten Dienstjubiläum im Rathaus. Denn es sind ganz gewöhnliche Behörden, Verbände und Vereine, die nur in der Bauleitplanung als Träger öffentlicher Belange auftauchen. Nach § 4 des Baugesetzbuches müssen bei der Erstellung von Bebauungsplänen zum Beispiel Naturschutzverbände und die Umweltbehörde eingeschaltet werden. Sie tragen dann in Stellungnahmen zu der geplanten Bebauung die öffentlichen Belange vor.

Trecker

Die Beleuchtung von Treckern konnte durch eine Richtlinie aus dem Jahre 2007 endlich einheitlich geregelt werden. Denn auf seinem Feld, fernab von Straßen und Fußgängern, darf ein Bauer nicht einfach so rumleuchten, wie er will. Nutzpflanzen und Wildtierbestand haben nach dem Willen der Europäischen Union ein Anrecht auf einheitliche Beleuchtung. Für alle 27 Mitgliedsstaaten wurde verbindlich festgelegt, was der korrekte Abstand zwischen zwei Leuchten auf dem Trecker ist: «Abstand zweier Leuchten, die in die gleiche Richtung gerichtet sind, ist der Abstand zwischen den Parallelprojektionen der Umrisse der beiden nach 1.6 bestimmten leuchtenden Flächen auf einer Ebene, die vertikal zur Betrachtungsrichtung dieser Umrisse liegt.» Damit ist wohl alles erhellend dargelegt.

Trinkbecher

Die sogenannte Trinkbecherrichtlinie 84/500/EWG legt fest: Jedem Becher aus Keramik muss ein Zettel beiliegen, der die Einhaltung der EU-Vorschriften und die Prüfung durch die zuständigen Amtsstellen bestätigt.

U

Überschwemmungsgebiet

Aus dem Hessischen Wassergesetz: «Die obere Wasserbehörde stellt das Überschwemmungsgebiet durch Rechtsverordnung fest. Bis zur Feststellung des Überschwemmungsgebietes gilt das Gebiet, das vom Hochwasser überschwemmt wird, als Überschwemmungsgebiet.»

Umlegungsverfahren

Behördensprache auch unter Gangstern? Die Mafia beschließt gegen einen missliebigen Konkurrenten die unverzügliche Einleitung eines Umlegungsverfahrens – wen würde eine derartige Wortwohl nach der bisherigen Lektüre noch ernsthaft überraschen? Doch hier steht nicht die Mafia, sondern wieder einmal das komplizierte Baurecht Pate.

Zur Verwirklichung eines Bebauungsplans kann es aus Sicht der Gemeinden oder Städte notwendig werden, die Grundstücke neu zu ordnen. In solchen Fällen wird ein Umlegungsverfahren eingeleitet. Die Grundstücke werden zur sogenannten Umlegungsmasse zusammengefasst. Daraus wird der Bedarf an Flächen für die Erschließung gedeckt. Die Behörden können den Eigentümern der Grundstücke bis zu 30 Prozent ihrer Flächen abziehen – ohne Entschädigung zahlen zu müssen. Was übrig bleibt, die Verteilungsmasse, wird wieder an die ursprünglichen Eigentümer verteilt.

Unabkömmlichkeitsstellung

Sie ist selbstverständlich allen Zeitgenossen zu wünschen, und manche verhalten sich auch gern so. Doch niemand kann für alle Zeiten in dieser Stellung verharren. Auch die nicht, die mit diesem Begriff aus der Behördensprache eigentlich gemeint sind.

Es geht um Wehr- oder Zivildienstpflichtige, die von ihren Arbeitgebern als unabkömmlich gestellt werden können. Und zwar dann, wenn durch die Heranziehung zum Wehr- oder Zivildienst die Fortführung des Betriebes gefährdet ist oder bestimmte Arbeiten eingestellt werden müssten.

Unterschrift

Aus einem Rundschreiben des Bundesfinanzministeriums: «Eine rechtsgültige Unterschrift setzt nach dem Sprachgebrauch und ihrem Zweck ein aus Buchstaben einer üblichen Schrift bestehendes Gebilde voraus, das nicht lesbar zu sein braucht. Erforderlich, aber auch genügend ist das Vorliegen eines die Identität des Unterschreibenden ausreichend kennzeichnenden individuellen Schriftzuges, der einmalig ist, entsprechende charakteristische Merkmale aufweist und sich als Unterschrift eines Namens darstellt sowie die Nachahmung durch einen beliebigen Dritten mindestens erschwert. Zur rechtsverbindlichen Unterschrift gehört jedoch ebenso, dass mindestens einzelne Buchstaben zu erkennen sind, weil es sonst an dem Merkmal einer Schrift überhaupt fehlt.»

Unwort des Jahres

Seit dem wortreichen Streit unter den führenden Sprachwissenschaftlern gibt es neben dem «Wort des Jahres» (siehe dort) auch das «Unwort des Jahres». So hat man zum Jahreswechsel zweimal Grund, sich über merkwürdige Wortschöpfungen aufzuregen. Kriterien für das von der Universität Frankfurt am Main bestimmte «Unwort des

Jahres»: Die Begriffe müssen aus der aktuellen öffentlichen Kommunikation stammen, ferner «sachlich grob unangemessen» sein und möglicherweise «sogar die Menschenwürde verletzen». Nun, die meist altertümlich-verstaubten Begriffe aus der Behördensprache haben da kaum Chancen auf Erwähnung, wie auch beim «Wort des Jahres». Schade.

Eigentlich sollte die Bevölkerung die oftmals grässlichen «Unworte des Jahres» möglichst schnell wieder vergessen, bevor sich diese Wortungetüme tatsächlich im Bewusstsein breitmachen. Aber wer generell nicht vergessen will, kann sich ja diese Liste merken:

2008: notleidende Banken
2007: Herdprämie
2006: freiwillige Ausreise
2005: Entlassungsproduktivität
2004: Humankapital
2003: Tätervolk
2002: Ich-AG
2001: Gotteskrieger
2000: national befreite Zone.

Ursprüngliche Unterschrift

Der Begriff «ursprüngliche Unterschrift» ist gleichbedeutend mit «eigenhändige Unterschrift».

U

V

Veränderungssperre

Über Gebiete, für die ein Flächennutzungsplan aufgestellt oder für die der Bebauungsplan geändert werden soll, können die Gemeinden eine Veränderungssperre verhängen. Damit werden alle Bautätigkeiten auf den betroffenen Grundstücken untersagt.

Verböserung

Wenn es ganz dumm läuft, bekommt der Steuerzahler nach einem Einspruch gegen seinen Steuerbescheid weniger Geld zurück, als ursprünglich vom Finanzamt ausgerechnet worden war. Für den Steuerzahler ist das sicherlich eine Verschlechterung, im Steuerverwaltungsrecht wird daraus eine Verböserung. Zitat: «Die Änderung eines Verwaltungsakts im Widerspruchsverfahren zum Nachteil dessen, der Widerspruch eingelegt hat.»

Verbotswidrig

Solche Knöllchen etwa beim Falschparken sollte man eigentlich gar nicht bezahlen. Denn die Gegenseite muss sich nachsagen lassen, nicht korrekt zu sein. Verbotswidrig – das erfüllt den Tatbestand der doppelten Verneinung und ist deswegen strikt untersagt.

Verbrechen

Rechtlich betrachtet ist dieser Begriff ein Synonym für «Delikt». Manche Verbrechen, die geringfügiger sind, werden in der Beamtensprache auch als Vergehen bezeichnet. Doch ob Mord oder zu laute Musik in der Wohnung – Verbrechen und Vergehen werden zunächst als Delikte zusammengefasst.

Verifizieren

Der Begriff «verifizieren» ist gleichbedeutend mit «überprüfen» oder «bewahrheiten».

Versagung

Wer versagt hier? Diejenigen, die solche Worthülsen in Umlauf bringen, oder diejenigen, die sie nicht verstehen? Ein gutes schlimmes Beispiel für Behördendeutsch. «Versagung» bedeutet «Ablehnung» – dieses Wort würde auch jeder verstehen. Was der Bürger will, wird abgelehnt, basta. «Versagung» klingt da schönfärberisch, meint aber eben dasselbe.

Und am Ende versteht man dann gar nichts mehr, wie etwa den § 86 des Gesetzes über die Zwangsversteigerung und die Zwangsverwaltung: «Die rechtskräftige Versagung des Zuschlags wirkt, wenn die Fortsetzung des Verfahrens zulässig ist, wie eine einstweilige Einstellung, anderenfalls wie die Aufhebung des Verfahrens.»

Verselbständigkeitsanalyse

Hinter diesem Zungenbrecher verbirgt sich, wir ahnen es schon, ein schnell zu erklärender Sachverhalt. Im Fall einer «Verselbständigkeitsanalyse» prüft das Sozialamt, ob ein Behinderter fremde Hilfe benötigt.

Versorgungsbezüge

Gut, dass eine wichtige Versorgungsfrage endlich geregelt werden konnte. Und zwar durch das Hessische Gesetz über

V

die Anpassung der Dienst-, Amts- und Versorgungsbezüge 2007/2008 (Hessisches Besoldungs- und Versorgungsanpassungsgesetz 2007/2008 – HBV AnpG 2007/2008). § 2 regelt die Einmalzahlung im Jahr 2007: «Die Einmalzahlung wird jeder berechtigten Person nur einmal gewährt.»

Vertretung

Auch ein Minister braucht mal eine Pause. Aber wer übernimmt dann am Kabinettstisch seine Zuständigkeit? Und was ist, wenn der Kollege dann auch in den selbstverständlich wohlverdienten Urlaub geht? Müssen die Urlaubspläne der Minister in Berlin aufeinander abgestimmt werden? Darf der eine nicht, wenn der andere weg ist?

Doch der Wähler und Steuerzahler muss sich darüber keine Sorgen machen, über «Gegenseitige Vertretung von Regierungsmitgliedern» hat die Bundesregierung längst einen Beschluss gefasst: «Ist der nach dieser Regelung zur Vertretung berufene Bundesminister ebenfalls verhindert, nimmt der in der Dienstalterliste auf den zu Vertretenden folgende Bundesminister die Vertretung wahr. Ist jedoch ein dienstjüngerer Bundesminister nicht vorhanden oder nicht erreichbar, so übernimmt die Vertretung der jeweils erreichbare Bundesminister mit dem gegenüber dem zu Vertretenden nächsthöheren Dienstalter (vgl. Dienstalterliste der Bundesminister).»

Verwahrung

In Verwahrung können Sachen, Personen und auch Tiere genommen werden. Der Verwahrer ist verpflichtet, das ihm Anvertraute sorgfältig aufzubewahren. Eine Verwahrung kann entgeltlich oder unentgeltlich erfolgen. So etwa hier:
Kreditinstitut: Verwahrung von Wertpapieren

Gefängnis: Verwahrung von Straftätern und Straftäterinnen

Tierheim: Verwahrung von herrenlosen Tieren.

Vibrationsschutz

Vor zu starken Erschütterungen beim Bohren sollen Europas Arbeitnehmer durch die «Lärm- und Vibrationsschutz-Arbeitsschutzverordnung» der EU geschützt werden. Dadurch soll der «Weißfingerkrankheit» vorgebeugt werden, die allerdings nach den Statistiken bisher seit Mitte der 1980er Jahre nur zweimal aufgetreten ist.

Trotzdem müssen seitdem alle Bauunternehmen für jeden Mitarbeiter «Vibrationskonten» führen, mit denen die Vibrationsbelastung festgehalten wird. Die Belastung muss nach dieser Verordnung durch einen auf acht Stunden festgelegten Tagesexpositionswert ermittelt werden. Dieser Wert wird ausgedrückt als die Quadratwurzel aus der Summe der Quadrate der Effektivwerte der frequenzbewerteten Beschleunigung der Vibration beim Bohren. Festzuhalten ist, dass Bohren auch schon mal einfacher war.

Vollstreckung

Beamtendeutsch, das noch so richtig nach Mittelalter, Folterkammern und Hexenverfolgung klingt. Hier dreht es sich zwar nicht mehr um die Vollstreckung von Todesurteilen durch Hinrichtung, Zwang wird dabei allerdings immer noch ausgeübt. Die Verwaltungsvollstreckung wird dann angeordnet, wenn die Rechtsmittelfrist abgelaufen ist, keine Berufung oder keine aufschiebende Wirkung möglich und bereits eine Mahnung erlassen worden ist. Wenn Geldforderungen nicht vollstreckt werden können, kann Zwangshaft beantragt werden.

V

Von Amts wegen

Eine Behörde oder ein Gericht wird von sich aus tätig, also ohne Antrag einer Privatperson.

AKTENNOTIZ IX

Versicherungsdeutsch

Das ständige Lesen der Beamtensprache in Formularen, Verordnungen und Bußgeldbescheiden bleibt für die Empfänger nicht ohne Folgen. Ein Leben lang Beamtendeutsch – wie verkraften das eigentlich die Zwangsleser? Welche Auswirkungen auf das eigene Sprachvermögen sind da zu beobachten? Dieser wissenschaftliche Aspekt ist leider viel zu wenig erforscht, dabei wäre das eine interessante Herausforderung für junge Wissenschaftler und gegebenenfalls auch eine geeignete Strafaufgabe für alle Bürokraten.

Auffällig ist jedenfalls, dass sich viele Normalbürger dann ebenfalls in der Beamtensprache versuchen, wenn sie an Behörden oder auch an Versicherungen schreiben. Der Schreibstil ist gestelzt, die Sätze sind endlos, und die Aussage ist widersprüchlich – so wie man es eben sein Leben lang gelesen hat, wenn es um offizielle Vorgänge geht.

Fundgruben für den privat ausgerichteten Ableger des Beamtendeutschs sind die Archive der großen Versicherungsgesellschaften. Beamtendeutsch von Anfängern – hier sind einige der besten Fundstücke noch einmal nachzulesen:

«Mein Auto war aufgebrochen. Das Radio war ausgebaut, lag aber demoliert auf dem Fahrersitz. Ich nehme an, dass

*das Radio für den Dieb wertlos war, weil es kotgeschützt
ist.»*

*«Beim Versuch, eine Eisenstange zu begradigen, schlug
diese zurück.»*

*«Der Unfall hatte einen klassischen Verlauf: Zuerst fiel der
Blitzableiter herunter und dann der Handwerker.»*

*«Ich habe gestern Abend auf der Heimfahrt einen Zaun
in etwa 20 Meter Länge umgefahren. Ich wollte Ihnen
den Schaden vorsorglich melden. Bezahlen brauchen Sie
nichts, denn ich bin unerkannt entkommen.»*

*«Ihre Argumente sind wirklich schwach. Für solche faulen
Ausreden müssen Sie sich einen Dümmeren suchen, aber
den werden Sie kaum finden.»*

«Die Unfallzeugen sind dieser Anzeige beigeheftet.»

*«Ein Fußgänger kam plötzlich vom Bürgersteig und ver-
schwand dann wortlos unter meinem Wagen.»*

*«Bei Ihrer Gesellschaft lasse ich mich nicht versichern.
Ihre Broschüre zeigt mir, dass viele Kunden Ihrer Versicherung nach Abschluss einer Lebensversicherung eines
frühen Todes starben.»*

*«Vorerst habe ich nicht die Absicht zu sterben und brauche
deshalb keine Sterbegeldversicherung. Wenn es so weit
ist, benachrichtige ich Sie sofort.»*

*«Im gesetzlich zulässigen Höchsttempo kollidierte ich mit
einer unvorschriftsmäßigen Frau in der Gegenrichtung.»*

*«Der Fußgänger hatte offenbar keine Ahnung, in welche
Richtung er gehen sollte, und so überfuhr ich ihn.»*

V

«Das andere Auto kollidierte mit dem meinigen, ohne mir vorher seine Absicht mitzuteilen.»

«Schon bevor ich ihn anfuhr, war ich davon überzeugt, dass dieser alte Mann nie die andere Straßenseite erreichen würde.»

«Nachdem ich 40 Jahre unfallfrei gefahren bin, schlief ich am Lenkrad ein.»

«Ich sah ein trauriges Gesicht langsam vorüberschweben. Dann schlug der Mann auf dem Dach meines Fahrzeuges auf.»

«Außerdem bin ich vor meinem ersten Unfall und nach meinem letzten unfallfrei gefahren.»

«Ich habe so viele Formulare ausfüllen müssen, dass es mir bald lieber wäre, mein geliebter Mann wäre überhaupt nicht gestorben.»

«Wer mir letztendlich die Geldbörse gestohlen hat, kann ich nicht sagen, weil aus meiner Verwandtschaft keiner in der Nähe war.»

«In einer Linkskurve geriet ich ins Schleudern, wobei mein Fahrzeug einen Obststand streifte und ich – behindert durch die wild durcheinanderpurzelnden Bananen, Orangen und Kürbisse – nach dem Umfahren eines Briefkastens auf die andere Straßenseite geriet, dort gegen einen Baum prallte und schließlich – zusammen mit zwei parkenden Pkws – den Hang hinunterrutschte. Danach verlor ich bedauerlicherweise die Herrschaft über mein Auto.»

«Ich brauche keine Lebensversicherung. Ich möchte, dass alle richtig traurig sind, wenn ich einmal sterbe.»

«Sofort nach dem Tod meines Mannes bin ich Witwe geworden.»

«Nach Ansicht des Sachverständigen dürfte der Verlust zwischen 250 000 Euro und einer Viertelmillion Euro liegen.»

«Außerdem hätte ich gerne von Ihnen eine kurze Begründung für meine Unschuld, damit ich diese an den Unfallgegner weitergeben kann.»

«Die Haustür war geöffnet. Das Licht im Flur war an. Mein Hund saß auf dem Sofa mit einem Knochen. Von mir bekommt er seit Jahren keinen Knochen mehr, weil er alt ist und nicht mehr richtig beißen kann.»

«Ich bin ferner mit meinen Nerven am Ende und habe mit einer schweren Kastrites zu tun.»

«Der Kraftfahrzeugsachverständige war völlig ungehalten, als er auf mein Vorderteil blickte.»

«Meine Frau stand aus dem Bett auf und fiel in die Scheibe der angrenzenden Balkontür. Vorher war sie bei einem ähnlichen Versuch, aufzustehen, gegen die Zentralheizung gefallen.»

«Dann brannte plötzlich der Weihnachtsbaum. Mein Mann konnte aber nicht löschen, weil er wie ein Verrückter die Hausrat-Police suchte.»

«Leider ist mein Vater der Jagdleidenschaft Dritter zum Opfer gefallen. Man hielt ihn für eine Wildsau und schoss ihn an.»

V

W

Waldhonig

Die EU-Richtlinie 2000/13 besagt, dass Waldhonig mindestens eine elektrische Leitfähigkeit von 0,8 Mikrosiemens pro Zentimeter aufweisen muss, warum auch immer. Ohne diese Leitfähigkeit ist es laut Richtlinie kein Waldhonig, sondern normaler Honig. Auf jedem Glas Honig muss auch ein Mindesthaltbarkeitsdatum stehen, obwohl Honig eigentlich unbegrenzt haltbar ist.

Weihnachtsbaum

Weihnachtszeit in der Behörde. Es wird gemütlich. Doch ohne entsprechende Verordnung darf und kann in einer Behörde nicht Weihnachten gefeiert werden.

Aus einem Verordnungsblatt in Österreich: «Betr.: Betrieblicher Arbeitsschutz, SMBL 8054. Aufgrund des § 5 des Gesetzes über die Organisation der Landesverwaltung wird im Auftrag der Landesregierung im Einvernehmen mit den Landesministern für ihre jeweiligen Geschäftsbereiche die nachstehende Richtlinie erlassen; gem. §§ 4 Abs. 1 und 15 gilt diese Richtlinie auch für die Gemeinden und Gemeindeverbände. Arbeitsorganisationsrichtlinien über die Handhabung und Verwendung von Nadelbäumen kleineren und mittleren Wuchses, die in Diensträumen Verwendung als Dienstweihnachtsbäume finden.

1. Dienstweihnachtsbäume

Dienstweihnachtsbäume (Dwbm) sind Weihnachtsbäume natürlichen Ursprungs oder natürlichen Bäumen

nachgebildete Weihnachtsbäume, die zur Weihnachtszeit in Diensträumen aufgestellt werden.

2. Aufstellen von Dienstweihnachtsbäumen

Dienstweihnachtsbäume dürfen nur von sachkundigem
Personal nach Anweisung des unmittelbaren Vorgesetzten aufgestellt werden. Dieser hat darauf zu achten, dass

a) der Dwbm mit seinem unteren, der Spitze entgegen-
gesetzten Ende in einen zur Aufnahme von Baumen-
den geeigneten Halter eingebracht und befestigt wird,

b) der Dwbm in der Haltevorrichtung derart verkeilt
wird, dass er senkrecht steht (in schwierigen Fällen
ist ein zweiter Beamter hinzuzuziehen, der die
Senkrechtstellung überwacht bzw. durch Zurufe wie
«mehr links, mehr rechts» usw. korrigiert),

c) im Umfallbereich des Dwbm keine zerbrechlichen
oder durch einen umfallenden Dwbm in ihrer Funktion zu beeinträchtigenden Anlagen vorhanden sind.

3. Behandeln der Beleuchtung

Die Dwbm sind mit weihnachtlichem Behang nach Maß-
gabe des Dienststellenleiters zu versehen. Weihnachts-
baumbeleuchtungen, deren Leuchtwirkung auf dem Ver-
brennen eines Brennstoffes mit Flammenwirkung beruht
(sog. Kerzen), dürfen nur Verwendung finden, wenn

a) die Bediensteten über die Gefahr von Feuersbrünsten
hinreichend unterrichtet sind und

b) während der Brennzeit der Beleuchtungskörper ein
in der Feuerbekämpfung unterwiesener Beamter mit
Feuerlöschern bereitsteht.

4. Aufführen von Krippenspielen und Absingen von Weihnachtsliedern

a) In den Dienststellen mit ausreichendem Personal
können Krippenspiele unter Leitung eines erfahrenen

Vorgesetzten zur Aufführung gelangen. Zur Besetzung sind folgende in der Personenplanung vorzusehenden Personen notwendig:

Maria: möglichst weibliche Bedienstete oder ähnliche Person, **Josef:** älterer Beamter mit Bart, **Kind:** kleinwüchsiger Beamter oder Auszubildender, Esel und **Schafe:** geeignete Beamte aus verschiedenen Laufbahnen, **Heilige Drei Könige:** sehr religiöse Beamte.

b) Zum Absingen von Weihnachtsliedern stellen sich die Bediensteten unter Anleitung eines Vorgesetzten ganz zwanglos nach Dienstgraden geordnet um den Dwbm auf. Eventuell vorhandene Weihnachtsgeschenke können bei dieser Gelegenheit durch einen Vorgesetzten in Gestalt eines Weihnachtsmannes an die Untergebenen verteilt werden.

5. Erfahrungsbericht

Die Dienstellenleiter werden gebeten, einen detaillierten Erfahrungsbericht auf dem Dienstweg vorzulegen.»

Übrigens, um es noch einmal zu versichern: Diese Dienstvorschrift war nicht als Scherz gemeint.

Wertsack

Ein Klassiker der Behördensprache, der immer wieder gern zitiert wird.

Aus einer Betriebsanleitung der Post: «Der Wertsack ist ein Beutel, der auf Grund seiner besonderen Verwendung im Postbeförderungsdienst nicht Wertbeutel, sondern Wertsack genannt wird, weil sein Inhalt aus mehreren Wertbeuteln besteht, die in den Wertsack nicht verbeutelt, sondern versackt werden. Das ändert aber nichts an der Tatsache, dass die zur Bezeichnung des Wertsackes verwendete Wert-

beutelfahne auch bei einem Wertsack Wertbeutelfahne
heißt und nicht Wertsackfahne, Wertbeutelfahne oder Wert-
beutelsackfahne. Sollte es sich bei der Inhaltsfeststellung eines Wertsackes herausstellen, dass ein in einem Wertsack
versackter Versackbeutel statt im Wertsack in einem der im
Wertsack versackten Wertbeutel versackt werden muss, so
ist die in Frage kommende Versackstelle unverzüglich zu
benachrichtigen. Nach seiner Entleerung wird der Wertsack
wieder zu einem Wertbeutel und er ist auch bei einer Wert-
beutelzählung nicht als Wertsack, sondern als Wertbeutel
zu zählen.»

Autor dieser absurden Verordnung war allerdings kein
übereifriger Postbeamter, sondern der Schriftsteller Wolf
Wondratschek in seinem Werk *Früher begann der Tag mit
einer Schusswunde.*

Wirkungsbereich

Der Wirkungsbereich bezeichnet den Aufgabenbestand der
Gemeinden und Landkreise. Es wird zwischen den Angelegenheiten unterschieden, die sich auf die Selbstverwaltung
beziehen, und jenen, die von außen – vom Bundesland oder
vom Bund – in Auftrag gegeben werden.

Wort des Jahres

Wer kennt noch den «Besserwessi»? Und wer weiß noch die
«Reisefreiheit» zu schätzen? Wer hat den «heißen Herbst»
überstanden, nachdem er Jahre zuvor schon in die «Raster-
fahndung» geraten war, weil er sich über eine «konspirative
Wohnung» informiert hatte? Begriffe aus dem sprachlichen
Gestern, die dennoch irgendwie präsent geblieben sind. Das
ist das so gesehen unrühmliche Verdienst der Gesellschaft
für deutsche Sprache, die seit 1977 die Wörter des Jahres

W

163

ausruft. Den einen oder anderen Verschleierungsbegriff und misslungenen Versuch einer Wortschöpfung hätte man schon längst vergessen, wenn sie nicht die Jury der Gesellschaft für deutsche Sprache zum «Wort des Jahres» geadelt hätte. Jahre später kann man über die ausgewählten Begriffe nur den Kopf schütteln, oftmals lösen sie aber auch Erinnerungen an längst vergangene politische Zeiten aus.

Begriffe aus der Behördensprache blieben chancenlos, sie wurden stets von jahresaktuellen Schlagworten verdrängt. Schade, eine Brandmarkung durch die Wahl zum «Wort des Jahres» würde vermutlich schon einige Zeitung lesende Bürokraten zum Nachdenken über das eigene Sprachgebiet anregen. Hier die Wort-Sieger aus den Vorjahren:

2008: Finanzkrise

2007: Klimakatastrophe

2006: Fanmeile

2005: Bundeskanzlerin

2004: Hartz IV

2003: das alte Europa

2002: Teuro

2001: der 11. September

2000: Schwarzgeldaffäre (dieser Begriff, das kann man neun Jahre später durchaus feststellen, ist zeitlos aktuell geblieben).

X, Y

An dieser Stelle muss vermerkt werden, dass die Behörden-sprache trotz ihrer jahrhundertealten Tradition und trotz des unermüdlichen Einsatzes der Beamtenschaft keines-wegs perfekt ist. Es gibt zwei Lücken: Amtsbezeichnungen, die mit X oder Y beginnen, sind bisher offenbar noch gar nicht geschrieben worden. Aber es besteht die berechtigte Hoffnung, dass auch diese Lücken noch geschlossen werden können.

A
B
C
D
E
F
G
H
I
J
K
L
M
N
O
P
R
S
T
U
V
W
X, Y
Z

Zeit

Aus dem *Niedersächsischen Ministerblatt*: «Für Beamte, die Schichtdienst leisten, gilt eine Schicht, die zum Beispiel um 22.00 Uhr mitteleuropäischer Zeit vor Beginn der mitteleuropäischen Sommerzeit beginnt und am ersten Tag der mitteleuropäischen Sommerzeit um 6.00 Uhr endet, als Achtstundenschicht, obwohl sie tatsächlich nur sieben Stunden dauert.»

Zelt mit Baugenehmigung

Vorsicht, Dauercamper: Wer über Wohnwagen und Vorzelt ein Überzelt montiert, um im Winter den Schutz vor der Witterung zu verbessern, muss unter Umständen einen Bauantrag stellen. So erging es einem Ehepaar, das seit 45 Jahren am Flakensee in Brandenburg seinen Urlaub verbringt und mit einem 3500 Euro teuren Überzelt aus Polyestergewebe den Wohnwagen vor Regen und Schmutz schützen wollte. Die zuständige Baubehörde Oder-Spree forderte von den Dauercampern den Antrag auf Baugenehmigung für ein Gebäude und drohte schon mal gleichzeitig mit der Ablehnung der Genehmigung.

Begründung: «Gebäude sind selbständig benutzbare überdachte bauliche Anlagen, die von Menschen betreten werden können und geeignet oder bestimmt sind, dem Schutz von Menschen, Tieren oder Sachen zu dienen.» Egal, um welche Konstruktion es sich dabei handele und ob Wände geplant seien. Entscheidend sei die Überdachung. Dach bedeutet Gebäude, und Gebäude bedeutet Genehmigungspflicht.

Zessionar

«Zessionar» wird in Österreich ein neuer Gläubiger genannt, an den ein alter Gläubiger eine Forderung mit allen Rechten und Pflichten abgetreten hat.

Zitrusfrüchte

Selbstverständlich gibt es auch für Zitrusfrüchte eine Verordnung der EU. Da bisher noch nicht das normgerechte Heranwachsen von Früchten und Gemüse verordnet werden kann, befasst sich die Verordnung Nr. 1799/2001 mit Vertrieb und Verkauf der Früchte, damit sie in einem «zufriedenstellenden Zustand am Bestimmungsort ankommen».

Wie auch bei den vielen anderen Verordnungen der EU fragt man sich, wer derartige Festlegungen überhaupt kontrollieren soll oder kann. Die Zahl der Lebensmittelkontrolleure müsste sich vervielfachen und den Personalhöchststand innerhalb der Beamtenschaft erreichen. Früchte, die folgende Mindestgrößen nicht erreichen, sind nach der Verordnung nicht zugelassen:

Clementinen: 35 Millimeter
Mandarinen außer Clementinen: 45 Millimeter
Orangen: 53 Millimeter.
Zitronen: 45 Millimeter

Ähnliche Verordnungen gibt es übrigens auch für Aprikosen, Artischocken, Auberginen, Avocados, Bleichsellerie, Blumenkohl, Erbsen, Erdbeeren, Gemüsepaprika, grüne Bohnen, Kirschen, Kiwis, Knoblauch, Kopfkohl, Kopfsalat, Lauch, Melonen, Möhren, Nektarinen, Pfirsiche, Pflaumen, Rosenkohl, Spargel, Spinat, Tafeläpfel, Tafelbirnen, Tafeltrauben, Tomaten, Wassermelonen, Zucchini und Zwiebeln.

Zuständigkeit

Pressemitteilung der niedersächsischen Bezirksregierung Weser-Ems zu den Ölverschmutzungen an der Küste: «Die mittlere Tidehochwasser-Linie ist die Zuständigkeitsgrenze zwischen der Bezirksregierung und den Landkreisen zur Bekämpfung von Unfällen mit wassergefährdenden Stoffen. Da die Linie ständigen Veränderungen unterliegt, werden die an sich gesetzlich getrennten Zuständigkeiten weitgehend gemeinsam wahrgenommen, wobei der Bezirksregierung die Koordinationsfunktion zufällt.»

Zustimmungserklärung

Bei der Zustimmungserklärung handelt es sich um eine schriftliche Erlaubnis. Beispiel: Als Zulassungsbesitzer oder Zulassungsbesitzerin stimme ich der Verwendung des Fahrzeugs für Übungsfahrten zu.

Zwangsbelgier

Alles ist in der EU per Gesetz und Verordnung geregelt, nur eine deutsche Kleinfamilie wurde dabei vergessen. In einem ehemaligen Bahnhofsgebäude in Lammersdorf in Nordrhein-Westfalen wohnt der Deutsche Thomas Reinartz mit seiner Familie. Sie sind umringt von bundesdeutschen Nachbarn und gehören dennoch nicht zu Deutschland, denn das ehemalige Bahnhofsgebäude und ein 800 Quadratkilometer großes Grundstück direkt an einer stillgelegten Bahntrasse ist Teil des belgischen Hoheitsgebietes.

Dieses geopolitische Kuriosum bedeutet für die Familie zweistaatlichen Behördenwahnsinn. Zwei Steuererklärungen müssen abgegeben werden, ein belgischer und ein deutscher Postbote geben sich die Klinke in die Hand, und anstatt eines deutschen Personalausweises gibt es eine auf jeweils fünf Jahre befristete belgische Aufenthaltsgenehmigung. Der Führerschein muss in Belgien gemacht werden, dort ist die Familie auch bei der Krankenkasse zwangsweise gemeldet.

Die Familie ist ein spätes Opfer des Versailler Vertrages, der nach der Beendigung des Ersten Weltkrieges geschlossen worden war. Der Vertrag hatte die etwa zehn Kilometer lange Bahnstrecke der Vennbahn mit Gleisanlagen und Bahnhofsgebäuden Belgien zugesprochen. Seitdem führte die belgische Bahnlinie streckenweise durch deutsches Territorium. Allerdings war laut Versailler Vertrag die Voraussetzung, dass die Bahnstrecke in Betrieb gehalten wird.

Doch seit einigen Jahren fährt hier keine Bahn mehr, die Gleise wurden bereits abgetragen. Die Familie hatte deshalb um Wiedereinbürgerung ersucht. Das Staatsgebiet der Bundesrepublik wäre um etwa 2,8 Quadratkilometer größer geworden, und zwei Jahrzehnte nach dem Berliner Mauerfall wäre es die zweite deutsche Wiedervereinigung gewesen. Doch das Auswärtige Amt verzichtete großzügig auf den Anschluss der bisher belgischen Enklave. Aus der Bahnstrecke soll nun ein europäischer Radweg werden.

Die Briefe der Familie an das Außenministerium in Berlin und an den König von Belgien mit der Bitte um Entlassung aus der unerwünschten Staatsbürgerschaft blieben unbeantwortet. Sämtliche Familienmitglieder bleiben damit Zwangsbelgier.

Zwangspause für Markthändler

In allen 27 EU-Ländern gilt seit 2007 eine Richtlinie für Berufsfahrer, die während der Arbeit ein Kraftfahrzeug nutzen. In dieser Verordnung werden die Lenk- und Ruhezeiten geregelt. Allein der Name der Richtlinie ist ein Wort- und Zahlenmonster: Verordnung (EG) Nr. 561/2006 des Europäischen Parlaments und des Rates vom 15. März 2006 zur Harmonisierung bestimmter Sozialvorschriften im Straßenverkehr und zur Änderung der Verordnungen (EWG) Nr. 3821/85 und (EG) Nr. 2135/98 des Rates sowie zur Aufhebung der Verordnung (EWG) Nr. 3820/85 des Rates.

16 Absätze dieser Richtlinie befassen sich mit Ausnahmeregelungen. Im Gegensatz zur ursprünglichen Fassung werden Markthändler mit Verkaufswagen hier nicht mehr genannt. Im Klartext: Sämtliche Vorschriften für Lkw-Fahrer wie etwa das Führen eines Fahrtenschreibers können auch dem Betreiber eines motorisierten Gemüsestandes auferlegt werden, sofern Stand und Zugmaschine schwerer als 3,5 Tonnen sind. Die Folgen: Die betroffenen Markthändler müssen alle viereinhalb Stunden die Ruhezeiten der Lkw-Fahrer einhalten und dürfen nicht länger als insgesamt 13 Stunden unterwegs sein.

Offenbar hat es bislang noch keine Kontrollen auf Einhaltung dieser Verordnung gegeben. Denn sonst müssten während des Wochenmarktes an einigen Ständen entsprechende Schilder aufgehängt und der Verkauf unterbrochen werden: «Bitte nicht stören. Händler hält gerade seine verordnete Ruhepause.»

Zwangsverkammerung

Ob sie wollen oder nicht – die Mitgliedschaft in der Industrie- und Handelskammer ist für große und kleine Betriebe Pflicht und nicht zu umgehen. Diese Pflicht kann mit Fug und Recht auch als Zwang bezeichnet werden. Denn § 2 des Gesetzes zur vorläufigen Regelung des Rechts der Industrie- und Handelskammern, immer noch gültig, lässt schlichtweg keine Ausnahmen zu: «Zur Industrie- und Handelskammer gehören, sofern sie zur Gewerbesteuer veranlagt sind, natürliche Personen, Handelsgesellschaften, andere Personenmehrheiten und juristische Personen des privaten und des öffentlichen Rechts, welche im Bezirk der Industrie- und Handelskammer eine Betriebsstätte unterhalten.» Also alle.

Zwangsverwalter oder Zwangsverwalterin
Der Zwangsverwalter oder die Zwangsverwalterin ist eine Person, die amtlich durch einen Gerichtsbeschluss mit der treuhänderischen Verwaltung einer strittigen Sache beauftragt wird.

Zweckmäßig eingerichtete Zimmer
Lassen wir – am Ende dieses Alphabets angelangt – Milde walten: Beamtendeutsch kommt von denjenigen, die es nicht besser können. Weil sie es nicht besser gelernt haben, weil sie zu wenig mit den Bürgern reden, weil sie rechtlich unangreifbar sein wollen, weil sie sich zu wenig Mühe geben, es anders und eben besser zu machen.

Eine böse Absicht dagegen, ein groß angelegter Hinterhalt gegen den Steuerzahler, eine bewusste Täuschung – das wird man den gewöhnlichen Bürokraten gemeinhin nicht unterstellen können. Da gibt es andere mit ganz anderen Hintergedanken. Neben Politikern gilt dies insbesondere für die Werbetexter von Urlaubskatalogen. Glauben Sie bloß nicht, was da drinsteht! Hier eine Übersetzungshilfe für diejenigen, die nach der geballten Portion Beamtendeutsch für immer auswandern wollen oder dringend Erholungsurlaub brauchen:

Direktflug: Zwischenladung mit stundenlangem Zwangs-aufenthalt in schlecht belüfteten Transferräumen ist durchaus möglich (wirklich direkt ist nur ein «Non-Stop-Flug»).

Familienhotel: nur auszuhalten, wenn die eigenen kleinen Quälgeister dabei sind.

Geheimtipp: Alle wissen's, nur der Neuankömmling nicht.

einfaches Hotel: Die Handwerker waren schon seit Jahren nicht mehr da.

kurzer Transfer zum Flughafen: Der Weg ist deshalb so kurz, weil das gebuchte Hotel genau in der Einflug-schneise des Flughafens liegt. Der Urlauber ist schnell da, möchte aber auch schnell wieder weg.

Meerseite: Das heißt noch lange nicht, dass man das Meer auch sehen kann. Und auch beim versprochenen Meer-blick kommt es auf die Entfernung an.

Naturstrand: Hier räumt keiner den Dreck weg, weil keiner zuständig ist.

neu eröffnetes Hotel: Die Handwerker sind noch da.

strandnah: Alles im Leben ist relativ. Schnell zu Fuß am Strand? Oder nur schnell mit Taxi, Bus oder Mietauto? Und vielleicht ist man dann zwar schnell, findet aber keinen Parkplatz oder ruiniert sich durch die strand-nahe Parkplatzabzocke das Urlaubsbudget.

zentral gelegen: also genau da und mittendrin, wo Remmi-demmi ist.

zweckmäßig eingerichtete Zimmer: Bett, Stuhl, Wasch-becken. Besser «geräumig und komfortabel» buchen.

AKTENNOTIZ X

Abschließende Kenntnisprüfung

Lob und Anerkennung für die Leser, die es bis hierher geschafft haben. Wer aufgepasst hat, dem sollten nun alle gängigen, blödsinnigen Begriffe aus der Beamtensprache und die merkwürdigsten Vorschriften der EU geläufig sein. Eine wichtige Voraussetzung, um mit den Behörden auf Augenhöhe, weil in der gleichen Sprache, kommunizieren zu können.

Vor dem nächsten Behördengang sollten die Leser zu ihrer eigenen Sicherheit unbedingt die nachfolgende, abschließende Kenntnisprüfung ablegen. Dabei ist das Nachblättern prinzipiell erlaubt, da es zu einer Steigerung des Nutzwertes dieses Werkes führen könnte.

1. Was ist ein Umlegungsverfahren?

a Die Rechtfertigung von versierten Strafverteidigern für einen Auftragsmord der Mafia.

b Ein baurechtlicher Eingriff zum Nachteil von Grundstücksbesitzern.

c Die Verlegung von Häftlingen in den Justizvollzugsanstalten.

2. Was meinen die Behörden mit Amtsverschwiegenheit?

a Sie antworten nicht auf die Schreiben der Bürger.

b Sie dulden keine Nachfragen.

c Zusätzlichen Datenschutz, der durchaus außer Kraft gesetzt werden kann

3. Wer ist Träger öffentlicher Belange?

a Bundespräsident und Bundeskanzler.

b Die Abgeordneten aus Bundestag und den Landtagen.

c Naturschutzverbände bei Bauplanungen.

4. Wer ist Empfänger einer abschlägigen Mitteilung?

a Die zahlenden Mitglieder eines Boxvereins.

b Jeder Bürger, dessen Antrag abgelehnt wird.

c Der Schiedsrichter eines Golfturniers, dem das Protokoll über den Verlauf des Turniers vorgelegt wird.

5. Wer unterliegt der Erwerbsobliegenheit?

a Jeder Partner nach einer Scheidung.

b Grundstücksbesitzer, die einem Erwerb nachgehen.

c Betriebe mit einer Liegenschaft innerhalb der EU.

6. Wann ist von einer Geschäftsführung ohne Auftrag die Rede?

a Im Deutschen Bundestag, nach der Abwahl und vor der Neuwahl des Kanzlers.

b Im Brandfall, wenn es um schnelle Hilfe geht.

c Wenn Finanzämter Nachforderungen stellen.

7. Wann sprechen Verwaltungsjuristen von billigem Ermessen?

a Wenn Grundstücksgrößen nicht vermessen, sondern geschätzt werden.

b Wenn es für eine Entscheidung eine Ermessensgrundlage gibt.

c Wenn in der Kantine des Amtes der Pegelstrich in der Getränkeausgabe nicht erreicht wird.

8. Was regelt die Kollisionsnorm?

a Schiffsunfälle auf öffentlichen Gewässern.

b Welche Partei in einer Regierungskoalition wie viel Minister stellen darf.

c Welches Recht bei internationalen Auseinandersetzungen gilt.

9. Was ist eine Abstandseinhaltungsvorrichtung?

a Die Markierung vor einem Schalter.

b Eine neue Erfindung der Automobilbranche.

c Die Einrichtung von Wartezonen in Behördengebäuden.

10. Wer stellt eine Lebensberechtigungsbescheinigung aus?

a Die Meldeämter nach der Anmeldung der Geburt.

b Organisierte Hundezüchter.

c Die Agenturen für Arbeit nach Annahme der vollständig ausgefüllten Anträge.

11. Was ist eine Ablichtung?

a Eine Kopie, möglichst mit amtlicher Beglaubigung.

b Die Beseitigung einer Waldlichtung durch gezielte Aufforstung.

c Die Verdunkelung durch die Behördensprache.

12. Was ist denn nun ein raumübergreifendes Großgrün?

a Eine Hundertschaft von Polizeibeamten in alten Uniformen.

b Ein Baum, der in den Luftraum ragt.

c Der Titel eines Buches, dem die Leser grundlegende Kenntnisse der Behördensprache verdanken.

Sollte der Antragsteller in diesem abschließenden Prüf-
verfahren nicht in der Lage sein, sämtliche Fragen zügig
und richtig zu beantworten, so ist dringend das erneute
Studium dieses Sprachführers anzuraten.